重 新 定 义 思 想 之 美

极简刑事法

罗天亮　著

清华大学出版社
北京

内 容 简 介

本书以"案例讲解+法律分析+普法教育"的形式，通过简洁明了的语言，深入浅出地介绍了我国刑事法律的基本原理、重要概念和实际应用，旨在为读者提供刑事法律知识普及。本书不仅涵盖了刑法的基本原则，如犯罪的概念、刑罚的种类等，还对一些常见的犯罪类型进行了详细的解释和分析。书中的许多故事都来自真实案例，能够充分引导读者将理论知识与实际情境相结合，更好地理解刑事法律的运作方式。

本书不仅适合专业读者参考，还适合广大非法律专业读者阅读；不仅有助于提高公民的法律意识，还能在一定程度上帮助人们在面对法律问题时作出更加明智和合理的判断。

图书在版编目（CIP）数据

极简刑事法 / 罗天亮著. -- 北京 ：清华大学出版社, 2025. 3.

ISBN 978-7-302-68849-5

Ⅰ. D924.04；D925.204

中国国家版本馆 CIP 数据核字第 2025246T0P 号

责任编辑：付潭蛟
封面设计：胡梅玲
责任校对：宋玉莲
责任印制：刘 菲
出版发行：清华大学出版社
    网 址：https://www.tup.com.cn，https://www.wqbook.com
    地 址：北京清华大学学研大厦 A 座 **邮 编：**100084
    社 总 机：010-83470000   **邮 购：**010-62786544
    投稿与读者服务：010-62776969，c-service@tup.tsinghua.edu.cn
    质 量 反 馈：010-62772015，zhiliang@tup.tsinghua.edu.cn
印 装 者：三河市君旺印务有限公司
经 销：全国新华书店
开 本：148mm×210mm **印张：**7.375 **字 数：**174 千字
版 次：2025 年 5 月第 1 版   **印 次：**2025 年 5 月第 1 次印刷
定 价：69.00 元

产品编号：103351-01

前 言

身为一名律师，在工作之余，免不了与朋友谈论法律相关的话题。但在这个过程中，我发现，即使在我身边，仍然有很多人的法治观念还停留在相当基础的阶段。

很多关乎自身财产与生命安全的事情，在刑事律师看来是常识，但对于普通百姓来说，却是深奥的知识。比如，"在酒吧一次消费好几万元，遇到'酒托'怎么办？""当公安人员来敲门的时候，该怎么办？""卖银行卡会不会坐牢？"以及有无"沉默权"等问题，我几乎每天都会收到相关的咨询。

这让我意识到普法工作的重要性与急迫性，在线下咨询的同时，我也尝试通过线上拍短视频的方式来普及法律常识。在取得了一些正面反馈的同时，也深感普法工作任重而道远。

基于以上的情形，我萌生了撰写此书的想法。希望把生活中人们经常会遇到的刑事法律问题汇集成书。我将每一个问题都精心改编成案例，通过解析案例，再以"法律小课堂"的方式，提供给读者具体的解决方法。把刑事法律知识，以极简的形式呈现给读者，这就是《极简刑事法》书名的由来。

本书共分为上下两篇：上篇为"犯罪与法理篇"，主要是实体性内容；下篇为"刑事诉讼篇"，主要是程序性内容。

上篇共有六章，涵盖犯罪，刑罚，刑罚的具体运用，侵犯公民人身权利、民主权利罪，侵犯财产罪，妨碍社会管理秩序罪，以及破坏社会主义市场经济秩序罪。

"犯罪"章的内容涉及日常生活中常见的疑难刑事法问题，如正当防卫的界限（挑拨打架、群殴时的自卫行为），特定情境下的犯罪认定（如酒后驾车、未成年人犯罪等），以及对法人单位犯罪行为的探讨。

"刑罚"章则聚焦于不同类型的刑罚，探讨了犯罪后可能面临的各种刑罚，如有期徒刑的最高期限，无期徒刑和死刑的执行，以及特殊情况下的死刑判决等。

"刑罚的具体运用"章包含了关于自首、立功、缓刑等具体法律概念的应用，解答了在不同情况下这些概念如何被法律界定和实践。

"侵犯公民人身权利、民主权利罪"章则涉及保护个人身体和民主权利的刑事法律问题，如性侵犯罪、家暴及虚假指控等。

"侵犯财产罪"章围绕着财产安全的问题，探讨了各种形式的财产侵犯行为，如诈骗、盗窃、贪污等。

"妨碍社会管理秩序罪、破坏社会主义市场经济秩序罪"章则关注那些破坏社会秩序和经济秩序的犯罪行为，包括非法经营、高利贷、赌博等活动。

下篇主要聚焦于不同阶段中的刑事诉讼问题，主要分为三个阶段，即"公安侦查""检察院诉讼"和"法院审判"阶段，分别对应本篇的三个章节。

"公安侦查中的刑事诉讼问题"章内容涵盖了个人在面对警方调查

时的权利和应对策略，包括如何应对警方上门调查、在公安局的权利和
义务、沉默权的界定、笔录的法律效力、被拘留的细节，以及家属应如
何应对这些情况。

"检察院诉讼中的刑事诉讼问题"章，则探讨了案件移交检察院后
的流程，包括案件处理时间、犯罪嫌疑人及其家属的权利等。

"法院审判中的刑事诉讼问题"章聚焦于法院审理阶段的相关问题，
例如审判时间、上诉的影响、二审判决、对判决的不满如何处理，以及
家属旁听庭审的可能性等。

希望本书不仅能为读者提供刑事法律的知识，还能启发读者思考如
何在尊重法律的同时保护自身的生命安全和个人自由，指导读者在日常
生活中的刑事法律问题中找到平衡点，使其在法律面前既有自信又充满
力量。

最后，我要衷心感谢瞪羚图书和清华大学出版社的支持和帮助，他
们为本书的结构提供了宝贵的建议，并确保了内容的可读性，使得本书
能够顺利问世。我也要感谢我的家人、老师、朋友和同事对我写作的支
持和鼓励，他们的理解和支持让我有了更多的时间和精力来专注于撰写
这本书。我还要感谢每一位读者的关注和信任，是您的支持让我有动力
创作出这本书，将刑事法律知识分享给更多人。

愿《极简刑事法》能成为您生活中保护自己的指南。

罗天亮

2024 年 11 月

目 录

CONTENTS

上篇　犯罪与法理篇

第一章　犯罪／3

1. 犯罪嫌疑人就是罪犯吗？／3

2. 只要对方先动手，我还手就算正当防卫吗？／6

3. 发生冲突时，哪种情形属于正当防卫？／9

4. 什么是"无限正当防卫"？／12

5. 遭遇校园霸凌时，被迫反抗也要负刑事责任吗？／15

6. 妻子被调戏，丈夫反击致一死三伤，算正当防卫吗？／18

7. 什么是"紧急避险"？／21

8. 单位也能构成犯罪吗？／24

第二章　刑罚／27

9. 犯了罪，会面临怎样的处罚？／27

10. 有期徒刑最高多少年？／30

11. 被判无期徒刑，是否还有出狱的可能？ / 33

12. 死缓是推迟的死刑吗？ / 36

13. 犯罪的孕妇生完小孩，可以判死刑吗？ / 39

第三章　刑罚的具体运用 / 42

14. 去自首的路上被抓了，还算自首吗？ / 42

15. 被办案人员叫去协助调查，过去后被抓，
    这能算自首吗？ / 44

16. 在审讯中招供另一起案件的事实，算自首吗？ / 47

17. 怎样协助抓捕同案犯才算立功？ / 49

18. 什么情况下可以判处缓刑？ / 52

19. 被判了死缓，还有可能出狱吗？ / 55

20. 被判缓刑后会留有案底吗？ / 58

21. 被判处有期徒刑二十年后，最快几年能出来？ / 61

第四章　侵犯公民人身权利、民主权利罪 / 64

22. 母亲和女朋友同时掉进河里，先救谁？ / 64

23. 争吵中将人扇倒后磕到桌角致死，
    算故意杀人吗？ / 67

24. 被侵犯者是男性，是否构成强奸罪？ / 70

25. 女性会构成强奸罪吗？ / 73

26. 婚姻关系中也适用强奸罪吗？ / 75

27. 怎样认定强奸罪中的"违背妇女意愿"？／77

28. "买老婆"会被怎样判罚？／80

29. 把欠钱的人关起来直到还钱，会构成犯罪吗？／83

30. 错告他人是否构成诬告陷害罪？／86

31. 在网络上散布谣言，会被怎样判罚？／89

32. 重婚罪一定是指与配偶以外的人结婚吗？／92

第五章　侵犯财产罪／94

33. "请人吃饭"也可能被诈骗吗？／94

34. 代为保管财物后不还，构成犯罪吗？／97

35. 什么是"职务侵占罪"？／100

36. 用公司的钱炒股，会构成什么罪？／103

第六章　妨碍社会管理秩序罪、破坏社会主义市场经济秩序罪／106

37. 什么是"妨害药品管理罪"？／106

38. 哪些行为会被判定为"走私罪"？／109

39. 什么是"对非国家工作人员行贿罪"？／112

40. 什么情况会被认定为"组织、领导传销活动罪"？／115

41. 放高利贷在什么情况下会被判定为
　　"非法经营罪"？／118

42. "招摇撞骗罪"是怎样定义的？／122

43. 在哪些考试项目中作弊会构成犯罪？／125

44. 什么是"帮助信息网络犯罪活动罪"？ / 129

45. 《刑法》中的"高空抛物罪"是怎样规定的？ / 132

46. 赖在他人家中催收债务，会构成犯罪吗？ / 135

47. 什么样的行为会构成"开设赌场罪"或
"赌博罪"？ / 138

48. 帮助犯罪的朋友藏匿，会被怎样判罚？ / 141

49. 明知是赃款，还帮助朋友转账，会构成什么罪？ / 144

50. 拒不还钱的"老赖"构成什么罪？ / 147

51. 用伪造的港澳通行证去香港，会构成什么罪？ / 149

52. 药店的人帮助患者治病，会构成犯罪吗？ / 152

53. 转发淫秽视频至交友群，会构成什么罪？ / 155

下篇　刑事诉讼篇

第七章　公安侦查中的刑事诉讼问题 / 161

54. 当公安人员来敲门的时候，你该怎么办？ / 161

55. 被传唤到公安局后，犯罪嫌疑人还有什么
权利？ / 164

56. 犯罪嫌疑人有沉默权吗？ / 167

57. 笔录内容和自己说的有偏差，应该怎么办？ / 170

58. 被传唤到公安局，多长时间可以回家？ / 173

59. 刑事拘留后，会被关押在哪里？ / 175

60. 被关进看守所后，有哪些安全保障？ / 178

61. 被公安人员传唤了，家属要了解案件情况，
应该怎么办？／181

62. 家人可以为看守所里的犯罪嫌疑人存钱、
送衣物吗？／185

63. 犯罪嫌疑人可以提前请律师吗？／188

64. 犯罪嫌疑人被抓后，应该如何聘请律师？／192

65. 被逮捕了，没钱请律师怎么办？／195

66. 做笔录时，需要注意哪些关键细节？／198

67. 案件在公安机关审查多久后，会被移送到
检察院？／201

第八章　检察院诉讼中的刑事诉讼问题／204

68. 案件送到检察院后，多久才能送到法院？／204

69. 案件送到检察院后，犯罪嫌疑人享有哪些权利？／207

70. 案件在检察院审查阶段，家属可以去看守所会见
犯罪嫌疑人吗？／209

第九章　法院审判中的刑事诉讼问题／212

71. 案件送到法院了，要多久才会宣判？／212

72. 二审的案件，多长时间会判决？／215

73. 判决生效了，怎样才可以申请重判？／217

74. 案件开庭，家属可以去旁听吗？／220

上篇 | 犯罪与法理篇 |

当遭遇到不法侵害时，我们应该如何运用法律武器，保护自己的人身安全和公民权利呢？

1　犯罪嫌疑人就是罪犯吗？

某天晚上，李华正在家中和家人一起看电视。突然，他的手机响了起来，是一个陌生电话。打电话的人自称是公安人员。这名公安人员告知李华他被怀疑参与了一起网络诈骗案件，需要他立即到公安局接受调查。

李华被吓坏了，他从来没有做过任何违法的事情，更别说是网络诈骗了。尽管李华极力否认，但公安人员告诉他，他的银行账户被用来转移了大量的非法资金，他需要到公安局解释这件事。

李华在公安局度过了一个漫长的夜晚。公安人员问了他很多问题，

手机和电脑也被查看了。公安人员告诉他,他现在是这起网络诈骗案件的犯罪嫌疑人,要对他进行刑事拘留。

李华为此感到非常害怕和困惑,不知道自己应该怎么办。他一直以为只有犯罪的人才会被称为犯罪嫌疑人,可他并没有犯罪,现在公安人员这样称呼他,难道他已经是一名罪犯了吗?

《中华人民共和国刑法》第十三条规定:一切危害国家主权、领土完整和安全,分裂国家、颠覆人民民主专政的政权和推翻社会主义制度,破坏社会秩序和经济秩序,侵犯国有财产或者劳动群众集体所有的财产,侵犯公民私人所有的财产,侵犯公民的人身权利、民主权利和其他权利,以及其他危害社会的行为,依照法律应当受刑罚处罚的,都是犯罪,但是情节显著轻微危害不大的,不认为是犯罪。

《中华人民共和国刑事诉讼法》第十二条规定:未经人民法院依法判决,对任何人都不得确定有罪。

注:《中华人民共和国刑法》和《中华人民共和国刑事诉讼法》在本书非法条引用部分均简称《刑法》和《刑事诉讼法》,其他相关引用的法律法规能简称的都亦同,全书统一。

在这个案例中,李华是犯罪嫌疑人,但这并不意味着李华就是罪犯。根据《刑事诉讼法》的相关规定,所有的犯罪嫌疑人和被告人在没有经过法定程序并由法院依法作出有罪判决以前,都应当被推定为无罪。这就是我们常说的"无罪推定原则"。

李华有权利聘请律师或者自行辩护,直到法院作出有罪判决前,都应被视为无罪。

李华聘请律师寻求帮助，同时积极配合案件调查，公安机关很快调查清楚了事情的来龙去脉，原来是有人盗用了李华的银行卡，用于非法转移资金。

李华听后松了一口气。他终于明白自己并没有犯罪，他的犯罪嫌疑人身份也因此得以撤销。

法律小课堂

犯罪嫌疑人和罪犯是两个具有明确定义和不同法律地位的概念。犯罪嫌疑人，是指因自己的行为或者其他证据被怀疑犯罪的人。罪犯，则是指经过法定程序，由法院依法作出有罪判决的人。

公民如果被确定为犯罪嫌疑人，可以如何做呢？

（1）聘请专业的刑事律师。专业的刑事律师具备法律专业知识和经验，能够帮助犯罪嫌疑人了解他们的权利，并提供有效的法律咨询和策略。

（2）在刑事律师的协助下，积极配合公安机关的调查，从而避免在调查过程中公民自身的权益受到侵害。

（3）向公安机关提供自身无罪或罪轻的证据及线索，这些证据和线索包括但不限于短信、邮件、录像、物证等。公民有权利和义务向公安机关提供这些证据和线索。

（4）公民也可以通过律师，调取有利于自己的证据，证明自己无罪或者罪轻。

2 只要对方先动手，
我还手就算正当防卫吗？

小周在农村开农家乐，钓鱼灯、增氧泵等设备昼夜不停地工作，严重影响了周围邻居休息，其中邻居小陆的反应最大。双方多次争吵，也没有什么结果。

气愤的小陆拿着剪刀，扎破了小周家的电动车车胎。小周在得知车胎被小陆扎破之后，大发雷霆，怒气冲冲找到小陆。随后，双方发生了冲突。

冲突发生后，小陆将剪刀偷偷藏起来，然后进行言语挑衅："你过来啊！不服气来打我啊！"

小周本来就一肚子气，被他挑衅之后，怒火爆发，失去了理智，抓起小陆的胳膊就准备殴打他。小陆为了保护自己，将剪刀刺向小周的腹部和胸口。邻居看到两人的行为后，连忙报警。

经鉴定，小周的伤势为重伤，小陆仅是面部、手臂受到轻微伤。检察院以小陆涉嫌故意伤害罪向法院起诉。

《中华人民共和国刑法》第二十条规定：为了使国家、公共利益、本人或者他人的人身、财产和其他权利免受正在进行的不法侵害，而采取的制止不法侵害的行为，对不法侵害人造成损害的，属于正当防卫，不负刑事责任。

正当防卫明显超过必要限度造成重大损害的，应当负刑事责任，但是应当减轻或者免除处罚。

对正在进行行凶、杀人、抢劫、强奸、绑架以及其他严重危及人身安全的暴力犯罪，采取防卫行为，造成不法侵害人伤亡的，不属于防卫过当，不负刑事责任。

在庭审过程中，小陆辩护说是小周先动手打他，而他只是正当防卫。

法院审理查明，从监控录像上看，小陆在扎破车胎之后，就站在不远处，将剪刀放在背后，嘴里说着挑衅小周的话。表面上虽然是小周先动手，但其实是小陆有预谋地对小周进行故意伤害，属于防卫挑拨。

最终，法官未采纳小陆正当防卫的辩护意见，以故意伤害罪对他定罪量刑。

法律小课堂

防卫挑拨又叫挑拨防卫，是不法防卫行为的一种，是指以挑拨寻衅等不正当手段，故意激怒对方，引诱对方对自己进行侵害，然后以正当防卫为借口，实行加害的行为。

表面上，防卫挑拨具有防卫性，实质上是一种特殊形式的故意犯罪行为。

那么，我们在面对防卫挑拨时，可以如何应对呢？

首先，要保持冷静，沉着应对，切勿被情绪左右；其次，应尽量避免与挑拨者发生争执，因为这样只会加剧紧张局面，甚至演变为暴力冲突。如果我们感觉自己的情绪和行为已经难以控制，要尽快求助附近的人，让他们介入帮助调停。

正当防卫 2

3 发生冲突时，哪种情形属于正当防卫？

某天晚上，丁壮和朋友正在烧烤店前观看球赛，举杯畅饮。与此同时，张强也和一群朋友在这里看球赛。

丁壮一直在为 A 球队加油助威。张强一听就不高兴了，因为他觉得 B 球队的技术更好，更有可能赢得这场比赛。于是，张强就跑过去和丁壮理论。

丁壮被突然走过来的张强"说教"了一番，顿时火冒三丈。他大声地说："我支持 A 球队，关你什么事？"

张强被他这么一骂，心里的怒火更大了，直接一拳打向丁壮，于是双方就打了起来。后来，丁壮意识到不对，停手不打了，决定和张强和解。丁壮说道："咱们别打了，还是看球吧。"但张强不依不饶，依旧对丁壮拳脚相加。只见烧烤店前，丁壮在前面跑，张强在后面追，场面一度十分混乱。

这时，丁壮气愤地说："你别再打我了。再打我，我就要还手了！"

但是，张强完全不听，一直追着他打。无奈之下，丁壮只得抢起摆在一旁的小凳子，向张强砸去。经鉴定，张强被砸成轻伤。

《中华人民共和国刑法》第二十条规定：为了使国家、公共利益、本人或者他人的人身、财产和其他权利免受正在进行的不法侵害，而采取的制止不法侵害的行为，对不法侵害人造成损害的，属于正当防卫，不负刑事责任。

正当防卫明显超过必要限度造成重大损害的，应当负刑事责任，但是应当减轻或者免除处罚。

检察院以丁壮涉嫌故意伤害罪向法院起诉。

在庭审过程中，丁壮的辩护律师向法庭提出：虽然双方有相互斗殴的情节，但丁壮已经很明确地表示要停止打斗，而张强却紧追不舍。根据我国刑法的规定，当时丁壮的合法权益正在遭受侵害，迫不得已使用小凳子进行反击，这属于正当防卫，不负刑事责任。

最终，法院审查本案全部证据后，采纳了丁壮的辩护律师的意见，认定丁壮的行为属于正当防卫，不负刑事责任。

法律小课堂

首先，在打架中进行正当防卫，本身就是特别复杂的事情。所以，面对这种情况，尽快离开现场。

其次，实在没能离开现场，你就喊救命让路人看到，或者跑到有摄像头的地方警告他："你再打我，我就要还手了。"这个时候他再打你，你还手就属于正当防卫。而且有路人和摄像头提供证据。

最后，任何防卫都有一个度。怎么把握呢？说实话，很难把握。但是如果他只是打你一巴掌，而你拿刀直接把他捅死了，这就明显属于防卫过当了。

正当防卫 3

4　什么是"无限正当防卫"？

某天傍晚，农村妇女桃花田间耕作之后，独自走在回家的小路上。"地痞"徐莽也从这条路上经过，看到了独自行走的桃花，便对她起了歹念。他悄悄地走向桃花，趁她不备，将她推倒在稻田中。

面对突如其来的情况，桃花先是吓了一跳，接着便奋力反抗。

在反抗的过程中，桃花无意间抓到药水箱子上面的一条塑料软管，她急中生智，用软管将徐莽的颈部紧紧地勒住，被勒住脖子的徐莽感觉呼吸不畅，不得不停止侵害行为。其间，徐莽答应桃花，只要她松开软管，他就不会再伤害桃花，还会送桃花回家。桃花一时心软，就放松了一些。谁知徐莽立即想要从软管中挣脱出来。

桃花见事情不妙，就用嘴咬徐莽，并再一次勒紧了软管。片刻之后，徐莽瘫软在田埂上。桃花以为徐莽是诈死，又一次勒紧了软管，直到她感觉到徐莽的身体正在慢慢变凉，才惊恐地松开软管。

第二天清晨，桃花主动将此事告诉了村干部，并在村干部的陪同下投案自首。随后，检察院以桃花涉嫌过失致人死亡罪向法院起诉。

> 《中华人民共和国刑法》第二十条规定：对正在进行行凶、杀人、抢劫、强奸、绑架以及其他严重危及人身安全的暴力犯罪，采取防卫行为，造成不法侵害人伤亡的，不属于防卫过当，不负刑事责任。

在庭审过程中，桃花的辩护律师指出，当时，桃花独自一人，徐莽将她推倒，对桃花有性侵的企图，桃花的人身安全受到严重威胁。在这种情况下，桃花的行为符合无限正当防卫的条件。根据《刑法》第二十条的相关规定，桃花当时的行为应该被视为正当防卫，不应负刑事责任。

法院结合该案中的情形，并核查了辩护律师提供的相关证据，采纳了辩护律师的意见。因此，法院判决桃花的自卫行为属于正当防卫，不用负刑事责任。

法律小课堂

在现实生活中，有很多像案例中的场景，会使个人的人身安全受到严重威胁。当个人生命面临危险时，比如面对行凶、杀人、抢劫、强奸、绑架等犯罪行为，如果我们的防卫行为对施害者造成了伤害，甚至导致其死亡，我们也会被认定为"无限正当防卫"，不用负刑事责任。

那么，如果女子在外遇到危险，应该如何保护自己呢？以下几点做法可供参考：

（1）尽量避免独自进入可能的危险场所，如偏僻的农田、无人的郊区等。

（2）如果无法避免进入偏僻场所，那么应该尽快寻找并进入人多的地方或公共场所，这样可以增加自己的安全感，并减少被侵害的风险。

（3）如果附近有人，则大声呼救，这样可以引起周围人的注意，寻求帮助。

（4）可以随身携带防卫工具，如喷雾器、防狼器等，并且知道如何正确使用它们。

（5）可以进行绝地反击，利用自身周围一切可用的工具制止施害者的恶行。

正当防卫 4

5 遭遇校园霸凌时，
被迫反抗也要负刑事责任吗？

小李是一名中学生。因为一件琐事，小李与"校霸"丁某发生矛盾。丁某决定"教训"一下小李。

丁某带着五个人在校外找到小李后，便开始殴打小李。有人甚至使用钢管殴打小李的背部，也有人用石块划伤小李的胳膊。小李忍着剧痛，拿出随身携带的水果刀，胡乱挥舞起来，有几个人受伤倒下。

小李眼见丁某应声倒地，便急匆匆跑回学校。保安看到后面追赶的人之后，迅速报警。

经鉴定，丁某的伤势为重伤，其他几人都是轻微伤。而小李身上都是擦伤和软组织受伤。随后，公安机关以故意伤害罪向检察院提请批准逮捕小李。小李的律师以正当防卫为由，向检察院提请了不予批准逮捕的意见。

《中华人民共和国刑法》第二十条规定：为了使国家、公共利益、本人或者他人的人身、财产和其他权利免受正在进行的不法侵害，而采取的制止不法侵害的行为，对不法侵害人造成损害的，属于正当防卫，不负刑事责任。

正当防卫明显超过必要限度造成重大损害的，应当负刑事责任，但是应当减轻或者免除处罚。

小李的律师认为：在本案中，丁某等六人对被害人小李进行殴打，小李的生命健康受到严重的伤害和威胁。他迫不得已才拿出水果刀奋起反抗。虽然造成丁某等人受伤，但属于正当防卫，不应负刑事责任。

检察院审查全案相关证据后，采纳了律师的意见，认定小李的行为构成正当防卫，决定对小李不予批准逮捕。

法律小课堂

校园霸凌一度成为社会的热门话题，引发了社会各界的广泛讨论。校园霸凌不仅会给被霸凌者带来严重伤害，也会对整个校园，甚至整个社会造成极其严重的负面影响。我们呼吁大家一起关注这种现象。同时，也要提醒同学们，万一遇到校园霸凌，应该如何保护自己。

（1）一旦遇到这种情况，不管他们有没有对你造成伤害，都应该第一时间告诉家长和学校。由家长出面与校方沟通，以免对你造成实质性的伤害；当然，你也可以直接向你的班主任或者学校的保卫部门反映。总之，向家长、老师和保卫部门反映情况，寻求帮助，勇于说出自己的担忧和恐惧，是打破校园霸凌困境的第一步。

（2）如果正在遭遇校园霸凌，我们的首选应该是避开冲突，能跑则跑，让自己远离危险，然后再寻求帮助。当我们无法避免时，进行必要的反击也是可以的。

（3）请记住，保护自己并不意味着需要伤害他人。反击必须适度，避免防卫过当。理智的反击不仅能有效保护自身，也能避免因过度反击而引发更大的冲突。

学校理应是一个让学生快乐学习和成长的地方。社会各界应该更加关注校园霸凌这个问题，我们应齐心协力打造一个环境友好、和谐的学习氛围，让校园成为一个让每个学生都感到安全、自由和被尊重的地方，让每一个孩子都能在这里愉快地学习、健康地成长。

6 妻子被调戏，丈夫反击致一死三伤，算正当防卫吗？

在某建筑工地，大强和他的妻子小红正在加班工作，他们的工友小黑和其他三人吃完晚饭路过此地，看到大强的妻子小红在卸混凝土，便对她进行言语调戏。

小红非常羞愤，便将自己被调戏的事告诉了大强。大强责令小黑等人离开，但是小黑等人不仅没有离开，还对大强进行了言语挑衅，小黑甚至用手摸了小红的大腿。双方争吵了起来。

随后，小黑等四人先后冲过来对大强拳打脚踢，大强边退边抵挡攻击。

小黑从旁边地上捡起钢管，袭击大强。此时，大强和妻子的生命受到了严重威胁。情急之下，大强半蹲着用左手护住妻子，右手拿出随身携带的一把折叠式单刃小刀，慌乱地朝四周乱挥、乱捅，结果导致小黑等四人受伤。

小黑被大强持小刀捅伤后，当场因失血过多死亡。其他三人则受伤。

> 《中华人民共和国刑法》第二十条规定：对正在进行行凶、杀人、抢劫、强奸、绑架以及其他严重危及人身安全的暴力犯罪，采取防卫行为，造成不法侵害人伤亡的，不属于防卫过当，不负刑事责任。

检察院以大强涉嫌故意杀人罪向法院起诉。

在庭审过程中，大强的辩护律师认为：大强面对四名手持器械的侵害者，其和妻子的生命安全受到严重威胁，且这种威胁已经事实上发生。为了保护妻子和自己的生命安全，大强对他们进行反击，造成一死三伤，属于正当防卫，并且符合无限防卫的条件，不属于防卫过当，不应负刑事责任。

法院审查全案相关证据后，采纳了辩护律师的意见，认定大强的行为符合正当防卫的条件，属于正当防卫，不负刑事责任。

法院宣判后，大强和妻子紧紧地拥抱在一起……

法律小课堂

我们应该如何把握正当防卫的尺度呢？这可能是一个千古难题，很难把握尺度，所以能跑则跑。

2020年9月3日，最高人民法院召开新闻发布会，发布《最高人民法院　最高人民检察院　公安部关于依法适用正当防卫制度的指导意见》（以下简称《意见》）。其中有三点特别值得我们关注，也为我们的正当防卫提供了相对明确的指引：

（1）明确纠正了"谁能闹谁有理""谁死伤谁有理"的错误倾向。

（2）解决了防卫人动不动就被认定为防卫过当的问题。《意见》明确要求，在认定是否构成正当防卫时，要充分考虑防卫人当时面临的处境、紧迫状态和紧张心理，不能事后以局外人的视角，用冷静理性、客观精确的标准去评判当时的防卫人。

（3）明确了正当防卫既可以针对犯罪行为，也可以针对一般的违法行为。

紧急避险

7 什么是"紧急避险"?

某天晚上,陈先生正在庆祝妻子的生日。可就在这个欢乐时刻,妻子突然倒地,口吐白沫,昏迷不醒。

陈先生吓坏了,急忙拨打 120 急救电话,但接线员却说,这附近暂时没有急救车可调派,需要从其他地方调来急救车,但无法确定具体时间。

陈先生焦急万分。他知道自己已经喝了不少酒,但也不能眼睁睁地看着妻子处于危险之中。最终,他下定决心,自己开车将妻子送往医院抢救。

陈先生开车没走多远,就被交警拦截了。酒精测试结果高达 223 mg/100 ml。眼见陈先生的妻子病情刻不容缓,交警立马将她送往医院抢救。

《中华人民共和国刑法》第二十一条规定：为了使国家、公共利益、本人或者他人的人身、财产和其他权利免受正在发生的危险，不得已采取的紧急避险行为，造成损害的，不负刑事责任。

《中华人民共和国刑法》第一百三十三条之一规定：在道路上驾驶机动车，有下列情形之一的，处拘役，并处罚金：

（一）追逐竞驶，情节恶劣的；

（二）醉酒驾驶机动车的；

（三）从事校车业务或者旅客运输，严重超过额定乘员载客，或者严重超过规定时速行驶的；

（四）违反危险化学品安全管理规定运输危险化学品，危及公共安全的。

检察院以陈先生涉嫌危险驾驶罪向法院起诉。

在庭审过程中，陈先生的辩护律师认为：当时陈先生的妻子面临生命危险。在外界无法提供帮助的前提下，陈先生迫于无奈才醉酒驾车将妻子送往医院抢救，属于紧急避险的行为，不应负刑事责任。

法院审查全案相关证据后认为：在特殊紧急情况下，为了救人生命而采取的紧急避险行为可以受到法律的保护和理解。当人们面临生命危险时，法律允许他们在必要的情况下采取行动，以最大限度地保护人的生命安全。所以，法院采纳了辩护律师的意见，认定陈先生的行为符合紧急避险的条件，不负刑事责任。

法律小课堂

喝酒不开车，开车不喝酒。这是对自己负责，也是对家庭和社会负责。但是，本案比较特殊，不具有普遍性。

关于酒后驾车，大家要了解以下几点内容：

（1）血液酒精含量小于 20 mg/100 ml，不违法，但也不提倡开车；

（2）血液酒精含量大于或等于 20 mg/100 ml，小于 80 mg/100 ml，属于酒驾，会被行政处罚，吊销驾驶证；

（3）血液酒精含量大于或等于 80 mg/100 ml，涉嫌危险驾驶罪，最高判处 6 个月拘役。

单位犯罪

8 单位也能构成犯罪吗？

杨某是一家房地产公司的法定代表人兼总经理。他以高额利息为诱饵，以公司的名义，通过公司的公众号和其他平台宣传，向外界不特定公众借款，用于公司经营。

××房地产公司高额利息筹款项目

快来买，买到就是赚到！

最终，该公司共向小陈等200人借款，总金额6000万元。然而，公司经营不善，无力偿还金额高达3900万元。

小陈等债务人追债无果之后报警，杨某被公安机关抓捕。检察院以杨某涉嫌非法吸收公众存款罪向法院起诉。

《中华人民共和国刑法》第三十条规定：公司、企业、事业单位、机关、团体实施的危害社会的行为，法律规定为单位犯罪的，应当负刑事责任。

《中华人民共和国刑法》第三十一条规定：单位犯罪的，对单位判处罚金，并对其直接负责的主管人员和其他直接责任人员判处刑罚。本法分则和其他法律另有规定的，依照规定。

在庭审过程中，杨某辩解："借款是用于公司经营，公司行为与我个人无关。我也没有任何获利，我是无罪的。"

法院审查全案证据，认为借款行为确实属于公司行为，而且借款也是用于公司经营。但是，公司没有公开向不特定公众借款的资格，属于违法融资。该行为具有社会危险性。法院最终认定公司构成非法吸收公众存款罪。而杨某作为公司的直接主管人员，也被以非法吸收公众存款罪定罪处罚。

法律小课堂

很多人不理解，为什么单位还会构成犯罪？还有些人想利用单位实施犯罪，以为能够规避法律责任。

我国法律有明确规定，公司、企业、事业单位、机关、团体实施的危害社会的行为，法律规定为单位犯罪的，应当负刑事责任。而且利用单位犯罪的行为人，也会被认定为负有直接责任的主管人员或者其他直接责任人员，最后与单位同时构成犯罪。

所以，想利用单位实施犯罪，规避法律责任的想法是不成立的。

单位构成犯罪，哪些人可能会是办案机关重点侦查的对象呢？

一是公司的法定代表人、董事、监事、高级管理人员；

二是财务负责人；

三是公司运营负责人；

四是各部门相关负责人，以及销售团队的负责人等。

9　犯了罪，
　　会面临怎样的处罚？

郭涛找到一位律师，问道："我儿子昨晚打架被刑事拘留了，希望聘请你作为他的辩护律师。"

律师说："你知道具体案情吗？"

郭涛说："不知道，公安人员说被害人还在医院，伤情鉴定也没有出来。我儿子可能会受到什么处罚呢？"

律师回答："具体得先去会见你儿子了解详细案情，然后再与办案人员核对相关信息，方能分析你儿子可能面临的处罚。打伤人可能会涉及故意伤害罪、故意杀人罪等。面临的处罚有有期徒刑、无期徒刑、死刑等。"

郭涛听着律师的讲解，点了点头，对儿子的未来更加忧虑。

《中华人民共和国刑法》第三十三条规定：

主刑的种类如下：

（一）管制；

（二）拘役；

（三）有期徒刑；

（四）无期徒刑；

（五）死刑。

《中华人民共和国刑法》第三十四条规定：

附加刑的种类如下：

（一）罚金：

（二）剥夺政治权利；

（三）没收财产。

附加刑也可以独立适用。

《中华人民共和国刑法》第二百三十三条规定：过失致人死亡的，处三年以上七年以下有期徒刑；情节较轻的，处三年以下有期徒刑。本法另有规定的，依照规定。

最终，郭涛的儿子被判故意伤害罪，被判处一年有期徒刑。

法律小课堂

我国主要的刑罚种类包括主刑和附加刑。其中，主刑包括以下五种：

（1）管制：管制的期限，为三个月以上二年以下。

（2）拘役：拘役的期限，为一个月以上六个月以下。

（3）有期徒刑：有期徒刑的期限，除《刑法》第五十条、第六十九条规定外，为六个月以上十五年以下。

（4）无期徒刑：判处无期徒刑意味着没有刑期的限制，须在刑罚执行期间根据犯罪分子的表现决定是否减为有期徒刑。

（5）死刑：对犯罪分子的最高刑罚，即剥夺其生命的刑罚。

附加刑的种类，包括罚金、剥夺政治权利和没收财产。这些附加刑可以与主刑同时适用，也可以独立适用。

有期徒刑

10　有期徒刑最高多少年？

　　刘大富的儿子开了一家河流清淤公司，却背地里非法从河里采挖优质河沙。

　　不久后，刘大富的儿子及其团伙被立案侦查。经过公安机关的深入调查，发现刘大富的儿子及其团伙是一个"黑社会组织"。他不仅非法挖掘河沙，还开设空壳公司，利用赚来的钱非法放贷，并使用暴力手段威胁还债。

　　最终，刘大富的儿子因多项罪名被法院判处有期徒刑二十五年。

　　对此，刘大富无比疑惑，向律师寻求帮助："我一直以为有期徒刑最高不过十五年，为什么我儿子会被判处二十五年呢？"

　　律师说："单一罪名有期徒刑最高为十五年。但是，如果有多项罪名成立，那么被判处的有期徒刑刑期就会有所不同。"

　　刘大富问："有什么不同？"

　　律师说："如果只构成一项罪名，最高只判十五年；如果构成多项罪名，且这些罪名的刑期总和不满三十五年，最高就只能判二十年；但如果超过三十五年，那最高能判二十五年。"

刘大富说："也就是说，我儿子数罪并罚的总刑期超过三十五年，是吗？"

律师说："是的。判决已生效，希望你劝他在狱中改过自新，好好表现。"

《中华人民共和国刑法》第四十五条规定：有期徒刑的期限，除本法第五十条、第六十九条规定外，为六个月以上十五年以下。

《中华人民共和国刑法》第六十九条规定：判决宣告以前一人犯数罪的，除判处死刑和无期徒刑的以外，应当在总和刑期以下、数刑中最高刑期以上，酌情决定执行的刑期，但是管制最高不能超过三年，拘役最高不能超过一年，有期徒刑总和刑期不满三十五年的，最高不能超过二十年，总和刑期在三十五年以上的，最高不能超过二十五年。

法律小课堂

　　很多人都会有这样的误解，认为有期徒刑最高是十五年，再往上就是无期徒刑和死刑了。其实不然。我国法律规定了数罪并罚制度。如果数罪中的每一项罪名的量刑都是有期徒刑，那数罪并罚后，仍然是有期徒刑，最高为二十五年。

　　数罪中有一罪被判处死刑或者无期徒刑的，采取吸收原则，即数罪中有一罪或几个罪被判处死刑的，不论其他罪被判处何种较轻的主刑，只执行死刑，不再执行其他较轻的主刑；数罪中有一罪或几个罪被判处无期徒刑的，也不论其他罪被判处何种较轻的主刑，只执行无期徒刑，不再执行其他较轻的主刑。比如，刘大富的儿子犯了三种罪，第一种罪被判处十五年有期徒刑，第二种罪被判处无期徒刑，第三种罪被判处死刑，那就执行死刑。

无期徒刑

11

被判无期徒刑，是否还有出狱的可能？

徐大勇因为故意杀人罪，被法院判处无期徒刑。

判决生效之前，徐大勇被羁押了两年。入狱后，徐大勇积极改造，又有重大立功表现，在第十三年就出狱了。加上羁押的两年，他总共被关押了十五年。

被害人家属听闻此消息，心情复杂，极度疑惑，向律师寻求帮助："无期徒刑，就是无期限地坐牢，为什么还能出来？"

律师说："根据《刑法》的规定，

被判处无期徒刑的犯罪分子，在监狱中如果能认真遵守监规，接受教育改造，有明显悔改表现，甚至有立功表现，那么他就可能获得减刑，最低可以减至十三年。"

《中华人民共和国刑法》第七十八条规定：被判处管制、拘役、有期徒刑、无期徒刑的犯罪分子，在执行期间，如果认真遵守监规，接受教育改造，确有悔改表现的，或者有立功表现的，可以减刑；有下列重大立功表现之一的，应当减刑：

（一）阻止他人重大犯罪活动的；

（二）检举监狱内外重大犯罪活动，经查证属实的；

（三）有发明创造或者重大技术革新的；

（四）在日常生产、生活中舍己救人的；

（五）在抗御自然灾害或者排除重大事故中，有突出表现的；

（六）对国家和社会有其他重大贡献的。

减刑以后实际执行的刑期不能少于下列期限：

（一）判处管制、拘役、有期徒刑的，不能少于原判刑期的二分之一；

（二）判处无期徒刑的，不能少于十三年；

（三）人民法院依照本法第五十条第二款规定限制减刑的死刑缓期执行的犯罪分子，缓期执行期满后依法减为无期徒刑的，不能少于二十五年，缓期执行期满后依法减为二十五年有期徒刑的，不能少于二十年。

律师对被害人家属说："失去亲人的痛楚是难以忘记的，但是曾经的加害者,也已经付出了沉重代价。从他能获得减刑可以看出,他已经认识到了自己的错误,并进行了深刻的反思和改造。他已经走向改过自新、洗心革面的道路了。"

听完律师的解释,被害人家属最后表示接受。作为一个守法懂法的公民,我们应该明白,减刑制度的设立是为了鼓励犯罪分子改过自新,并赋予他们重新开始的机会,同时也能保证社会的公平和正义。

法律小课堂

无期徒刑,并非字面意思"无期限坐牢,不能出狱"。犯罪分子在服刑期间,如果认真遵守监规,接受教育改造,确有悔改表现的,或者有立功表现的,可以减刑,而且最高可以减到十三年(不包括判决生效前的羁押时间)。

减刑制度体现了我国刑法的人道主义精神和教育改正的目标,旨在通过教育和改正,使犯罪分子重新成为社会的有益成员。

死刑与死缓

12 死缓是推迟的死刑吗？

小超因贩卖毒品罪被法院判处死刑，缓期两年执行。

小超的家人问律师："是不是两年后小超就要被枪决？"

《中华人民共和国刑法》第四十八条规定：死刑只适用于罪行极其严重的犯罪分子。对于应当判处死刑的犯罪分子，如果不是必须立即执行的，可以判处死刑同时宣告缓期二年执行。

死刑除依法由最高人民法院判决的以外，都应当报请最高人民法院核准。死刑缓期执行的，可以由高级人民法院判决或者核准。

《中华人民共和国刑法》第五十条规定：判处死刑缓期执行的，在死刑缓期执行期间，如果没有故意犯罪，二年期满以后，减为无期徒刑；如果确有重大立功表现，二年期满以后，减为二十五年有期徒刑；如果故意犯罪，情节恶劣的，报请最高人民法院核准后执行死刑；对于故意犯罪未执行死刑的，死刑缓期执行的期间重新计算，并报最高人民法院备案。

对被判处死刑缓期执行的累犯以及因故意杀人、强奸、抢劫、绑架、放火、爆炸、投放危险物质或者有组织的暴力性犯罪被判处死刑缓期执行的犯罪分子，人民法院根据犯罪情节等情况可以同时决定对其限制减刑。

律师说："不会。只要他在这两年期间没有故意犯罪，两年期满以后，就会减为无期徒刑；如果确有重大立功表现，两年期满以后，能减为二十五年有期徒刑；但是，如果故意犯罪，情节恶劣的，就会被执行死刑。"

"死刑缓期二年执行"是中国特有的一种刑罚执行形式，它传达的理念主要有以下几点：

（1）人道主义："死刑缓期二年执行"的制度体现了人道主义精神，即尽可能地减少死刑的执行，保护人的生命权。这种制度给予了犯罪分子在一定期限内改过自新的机会，如果在这期间表现良好，没有再犯罪，那么死刑可以被减为无期徒刑或者有期徒刑。

（2）教育和改正："死刑缓期二年执行"的制度强调了教育和改正的目标。它给予犯罪分子在一定期限内改过自新的机会，鼓励他们通过良好的行为表现来赢得生命的机会，这也是对其进行教育和改正的一种方式。

（3）公正和公平："死刑缓期二年执行"的制度体现了公正和公平的原则。对于那些真正悔过、表现良好的犯罪分子，通过减刑给予他们生命机会，这是对他们努力改正的公正回应。

（4）预防再犯："死刑缓期二年执行"的制度也有助于预防再犯。通过给予犯罪分子改过自新的机会，将有助于减少他们再犯罪的可能性。

孕妇犯罪与死刑

13 犯罪的孕妇生完小孩，可以判死刑吗？

莫晓梅在怀孕的时候，丈夫赵伟根因为其不能与他同房，便渐渐疏远了她。

莫晓梅害怕受冷落，决定为丈夫找其他女人来满足他。她告诉赵伟根这个想法，赵伟根居然同意了这个荒唐的主意。

有一天，怀孕六个月的莫晓梅在医院做检查时，遇到了一名漂亮的护士。莫晓梅觉得时机到了，于是她编了个谎言，说自己肚子痛，让护士送她回家。善良的护士看着莫晓梅是一个孕妇，便答应了她的请求。

回到家后，莫晓梅给护士喝了含有迷药的"酸奶"。护士晕倒后，赵伟根侵犯了她。夫妻二人为了掩盖罪行，杀害了这名护士。

警方很快将这对夫妻抓获归案。随后，检察院以莫晓梅、赵伟根涉嫌故意杀人、强奸、抢劫等数项罪名向法院起诉。

法院结合案情，判处赵伟根死刑。在羁押期间，怀孕的莫晓梅生下了一名女婴。那么生完小孩的莫晓梅，会不会被判处死刑呢？

《中华人民共和国刑法》第四十九条规定：犯罪的时候不满十八周岁的人和审判的时候怀孕的妇女，不适用死刑。审判的时候已满七十五周岁的人，不适用死刑，但以特别残忍手段致人死亡的除外。

尽管莫晓梅犯下了严重的罪行，但由于莫晓梅在被捕时怀孕，根据《刑法》第四十九条的规定，犯罪的时候不满十八周岁的人和审判的时候怀孕的妇女，不适用死刑。因此，不论莫晓梅是生完孩子，或是流产，都不会被判处死刑。

尽管莫晓梅没有被判处死刑，但她失去了丈夫，自己在服刑期间无法照顾孩子，导致孩子被送到福利院。一个新生命的降生本应被祝福，却因为莫晓梅的错误观念与做法，酿成了一桩悲剧，这何尝不是对违法犯罪的一种警示。

法律小课堂

　　审判时怀孕的妇女，是指从羁押到执行的整个诉讼过程中怀孕的妇女，而不是仅指法院审理阶段。法律保障人的生命权利，其中也包括怀孕妇女腹中的胎儿。《刑法》规定，怀孕妇女不适用死刑。这也是对尚未出生的生命的尊重和保护。

14 去自首的路上被抓了，还算自首吗？

　　某天晚上，小刘因醉酒驾驶撞死了一位行人。他越想越怕，惊慌之下，畏罪逃跑了。第二天，公安局接到报案，开始对小刘进行追捕。

　　小刘在逃跑途中，有人打电话告诉他警察要来抓他了。他既惊慌，又后悔。经过了复杂的思想斗争，小刘最终决定去自首，并给妻子发送短信，告诉她自己要去公安局自首了。随后，他便往事发地开去。

我正要去自首呢！

　　不料，在返回的途中，小刘被迎面驶来的公安人员抓捕。

　　检察院以小刘涉嫌交通肇事罪向法院起诉。

《中华人民共和国刑法》第六十七条规定：犯罪以后自动投案，如实供述自己的罪行的，是自首。对于自首的犯罪分子，可以从轻或者减轻处罚。其中，犯罪较轻的，可以免除处罚。

在庭审过程中，小刘的辩护律师提出他有自首情节，可以从轻处罚。

法庭审查全案证据后认为：虽然小刘是被公安人员抓捕的，但通过他给妻子发送的短信内容可以证明，他被捕时是在去自首的途中。而且到案后如实供述自己的罪行，符合"犯罪以后自动投案，如实供述自己的罪行"的法律规定，属于自首行为。

因此，法庭采纳了辩护律师的意见，对小刘从轻处罚。

法律小课堂

犯罪后逃跑是一个很不明智的选择，无论逃到哪里，只要一使用身份证就会被抓捕。

逃跑在外的当事人，决定去自首的时候，也要注意方法。因为你可能在去自首的路上就会被捕。办案人员肯定会说，你怎么证明你是去自首的？到时百口莫辩。

所以，请记住，去自首之前先给家人或者律师发条信息，或者打个电话，告诉对方你要去自首；或者去之前先打110报警电话，告诉警方要去自首。这些都是证据。

15 被办案人员叫去协助调查，过去后被抓，这能算自首吗？

小王是某家公司的财务人员。某一天，他接到办案人员的电话，告知他所在的公司涉嫌巨额诈骗，而公司的老板已经卷款逃跑了。办案人员让他前往公安局协助案件的调查。

小王接到电话后非常慌张。因为他明白，作为涉案公司的财务人员，自己也要承担相应的责任。经过短暂的思想斗争后，小王决定前往公安机关，协助警方调查案件。

到达公安局后，小王告诉办案人员："我会把我所了解的案件细节全部说出来。"做完笔录之后，小王随即被抓捕。

检察院以小王涉嫌集资诈骗罪向法院起诉。

　　《中华人民共和国刑法》第六十七条规定：犯罪以后自动投案，如实供述自己的罪行的，是自首。对于自首的犯罪分子，可以从轻或者减轻处罚。其中，犯罪较轻的，可以免除处罚。

　　被采取强制措施的犯罪嫌疑人、被告人和正在服刑的罪犯，如实供述司法机关还未掌握的本人其他罪行的，以自首论。

　　犯罪嫌疑人虽不具有前两款规定的自首情节，但是如实供述自己罪行的，可以从轻处罚；因其如实供述自己罪行，避免特别严重后果发生的，可以减轻处罚。

　　在庭审过程中，小王的辩护律师向法庭提出，小王有自首情节，应该从轻处罚。

　　法庭通过审查全案证据，认为小王的行为符合"犯罪以后自动投案，如实供述自己的罪行"的法律规定，属于自首。

　　最终，法庭采纳了辩护律师的意见，对小王从轻处罚。

法律小课堂

（1）办案人员打电话让我们去协助调查案件时，不要紧张，先找刑辩律师咨询。

（2）做笔录的时候，一定记录好做笔录的开始时间和结束时间，防止被疲劳审讯。

（3）笔录内容一定要记录是哪位公安人员给你打电话让你来配合调查的，电话号码是多少，是什么时间打的，等等，这样可以证明自首情节。

自首 3

16　在审讯中招供另一起案件的事实，算自首吗？

李某是一家投资公司的负责人，因涉嫌诈骗被公安局抓捕。

在审讯过程中，李某心生悔意，不仅坦白了这起诈骗案的细节，还承认了曾经帮助过某团伙"洗钱"，并向公安人员提供了相关的账本等证据线索。

在李某的协助下，"洗钱"案很快得以破案。

检察院以李某涉嫌诈骗罪和洗钱罪向法院起诉。

> 《中华人民共和国刑法》第六十七条规定：被采取强制措施的犯罪嫌疑人、被告人和正在服刑的罪犯，如实供述司法机关还未掌握的本人其他罪行的，以自首论。

在庭审过程中，李某的辩护律师提出，对于洗钱罪，李某有自首情节，可以从轻处罚。

法庭审查全案证据后认为: 对于洗钱罪案, 李某的坦白符合"犯罪以后自动投案, 如实供述自己的罪行"的法律规定, 属于自首。

最终, 法庭采纳了辩护律师的意见, 针对洗钱罪对李某进行了从轻处罚。然而, 自首的从轻处罚并不适用于诈骗罪。

法律小课堂

在某一起案件中有自首情节, 比如李某在洗钱案中有自首情节, 那从轻处罚就只适用于洗钱罪, 与其他案件无关。

自首是对某一具体案件中节省司法资源的"奖励"。李某在洗钱案中有自首情节, 节省了司法资源, 理应在洗钱罪上得到"奖励"。而其他案件并没有因为李某洗钱罪中的自首而节省司法资源, 因此就不会有"奖励"。

立功

17 怎样协助抓捕同案犯才算立功？

　　小陆在一次贩卖毒品时被警方抓捕，而他的同伙小钱还在逃。

　　面对自己的错误，小陆产生了悔过的念头，并表示愿意积极协助警方抓捕小钱。警方计划，让小陆打电话给小钱，通过假装进行"交易"，在约定地点与小钱见面。

当日，警方在现场秘密埋伏，小陆作为"会见人"与小钱见面时，警方果断出击，成功将小钱缉拿归案。随后，检察院以两人涉嫌走私、贩卖、运输、制造毒品罪向法院起诉。

> 《中华人民共和国刑法》第六十八条规定：犯罪分子有揭发他人犯罪行为，查证属实的，或者提供重要线索，从而得以侦破其他案件等立功表现的，可以从轻或者减轻处罚；有重大立功表现的，可以减轻或者免除处罚。

在庭审过程中，小陆的辩护律师提出，小陆在本案中协助警方抓捕同案犯小钱，应当认定为立功。

法庭审查全案证据后认为：小陆被抓后交代了与同案犯小钱的联系方式，又按要求与对方联系，积极协助警方抓获同案犯，应该认定为立功。

最终，法庭采纳了辩护律师的意见，认定了小陆具有立功表现，对他进行从轻处罚。

法律小课堂

协助抓捕同案犯，哪些行为可以立功？

（1）协助公安机关现场指认、辨认、抓获了同案犯；

（2）带领公安机关抓获了同案犯；

（3）提供了不为有关机关掌握或者有关机关按照正常程序无法掌握的同案犯藏匿的线索，抓获了同案犯；

（4）交代了与同案犯的联系方式，又按要求与对方联络，积极协助公安机关抓获了同案犯；

（5）但是，如果只是向公安机关提供同案犯的姓名、住址、体貌特征、联络方式等信息，很大可能不属于协助抓捕同案犯的行为，不能算立功。

缓刑的判决条件

18 什么情况下可以判处缓刑?

小吴是一个游手好闲的混混儿。由于没有工作,他口袋空空,就打起了骗取他人钱财的主意。

他想了一个办法:把自己伪装成寺庙僧人的徒弟,通过微信群欺骗民众,声称可以帮民众做法事消灾,达成心愿。他四处游走,骗了很多人的钱,共计 2.9 万元。

后来,小吴的行为被人举报。公安人员接到报案后,立刻开始了侦查,很快找到并控制了小吴。

被抓后,小吴的律师积极与被害人协商赔偿。

最终,小吴退还了多名被害人的钱,共计 1 万元,并赔偿了他们的经济损失 1 万元，共计 2 万元。此次案件的被害人也出具了谅解书。但剩下的钱，小吴则无力偿还。

> 《中华人民共和国刑法》第七十二条规定：
>
> 对于被判处拘役、三年以下有期徒刑的犯罪分子，同时符合下列条件的，可以宣告缓刑，对其中不满十八周岁的人、怀孕的妇女和已满七十五周岁的人，应当宣告缓刑：
>
> （一）犯罪情节较轻；
>
> （二）有悔罪表现；
>
> （三）没有再犯罪的危险；
>
> （四）宣告缓刑对所居住社区没有重大不良影响。
>
> 宣告缓刑，可以根据犯罪情况，同时禁止犯罪分子在缓刑考验期限内从事特定活动，进入特定区域、场所，接触特定的人。
>
> 被宣告缓刑的犯罪分子，如果被判处附加刑，附加刑仍须执行。

根据《刑法》第七十二条的规定，适用缓刑的前提条件是"被判处拘役、三年以下有期徒刑的犯罪分子"，这是能适用缓刑的前提条件。

在法院庭审中，小吴的辩护律师提出适用缓刑的辩护意见。辩护律师认为，小吴犯罪情节较轻，有悔罪表现，符合《刑法》第七十二条适用缓刑的情形。并且，小吴通过其家属积极向被害人退赃赔款，而且认罪认罚，具有悔罪表现。

法庭审查全案证据后，认为小吴有退赃退赔行为，并且获得了被害人的谅解，认罪认罚，有悔罪表现，符合缓刑的适用条件。

最终，法院采纳了辩护律师的意见，对小吴适用缓刑。

法律小课堂

什么叫缓刑？就是缓一缓再关起来（执行）。

比如判决三年有期徒刑，缓期四年执行。意思就要关三年，但是缓一缓，等四年之后再关起来。

这四年是一个考验期，只要遵守考验规定，四年之后，就不会被关起来了。

什么情况下可以被判缓刑呢？

首先，只有量刑在三年以下有期徒刑和拘役的犯罪分子才有可能被判缓刑；

其次，还应当满足犯罪情节较轻、有悔罪表现、没有再犯罪的危险以及宣告缓刑对所居住社区没有重大不良影响这四个条件。

缓刑与假释

19 被判了死缓，
还有可能出狱吗？

小郑因犯故意杀人罪被判处死缓（死刑缓期二年执行），他的家人听到这个消息，非常担忧和焦急。于是，他们找到律师，想询问小郑今后的出路。

小郑的家人问："小郑被判了死缓，他还有可能出狱吗？"

律师回答："理想状态下是有可能出狱的。根据《刑法》第五十条的规定，在死刑缓期执行期间，如果小郑没有故意犯罪，两年期满以后，便可以减为无期徒刑。如果在监狱中表现良好，最快能减刑到十三年，加上前面两年以及审判前的羁押期限，最快十五年就可以出狱了。"

《中华人民共和国刑法》第五十条规定：判处死刑缓期执行的，在死刑缓期执行期间，如果没有故意犯罪，二年期满以后，减为无期徒刑；如果确有重大立功表现，二年期满以后，减为二十五年有期徒刑；如果故意犯罪，情节恶劣的，报请最高人民法院核准后执行死刑；对于故意犯罪未执行死刑的，死刑缓期执行的期间重新计算，并报最高人民法院备案。

《中华人民共和国刑法》第七十八条规定：被判处管制、拘役、有期徒刑、无期徒刑的犯罪分子，在执行期间，如果认真遵守监规，接受教育改造，确有悔改表现的，或者有立功表现的，可以减刑；有下列重大立功表现之一的，应当减刑：

（一）阻止他人重大犯罪活动的；

（二）检举监狱内外重大犯罪活动，经查证属实的；

（三）有发明创造或者重大技术革新的；

（四）在日常生产、生活中舍己救人的；

（五）在抗御自然灾害或者排除重大事故中，有突出表现的；

（六）对国家和社会有其他重大贡献的。

减刑以后实际执行的刑期不能少于下列期限：

（一）判处管制、拘役、有期徒刑的，不能少于原判刑期的二分之一；

（二）判处无期徒刑的，不能少于十三年；

（三）人民法院依照本法第五十条第二款规定限制减刑的死刑缓期执行的犯罪分子，缓期执行期满后依法减为无期徒刑的，不能少于二十五年，缓期执行期满后依法减为二十五年有期徒刑的，不能少于二十年。

柏拉图说过，人生最大的遗憾，莫过于轻易地放弃了不该放弃的，固执地坚持了不该坚持的。小郑因故意杀人给两家人带来了莫大的伤痛，也使自己落入牢狱，这警醒我们一定要遵守法律，认真做人。

法律小课堂

被判了死缓，还有可能出狱吗？

死缓是我国特有的刑罚执行制度，全称为"死刑缓期二年执行"。

在死刑缓期两年执行期间，如果犯罪分子没有故意犯罪，两年期满以后，就可以减为无期徒刑；再经过减刑，最快再过十三年就可以出狱了。

但是要注意，上述的年限中，不包括审判前的关押期限。

缓刑与案底记录

20 被判缓刑后会留有案底吗?

小白是某公司的职员。在一次聚会上,他因打伤了同事被法院判处拘役六个月,缓刑一年。他也因此事而被公司开除。

在缓刑考验期间,小白痛定思痛,在家中接受改造。一年之后,他的缓刑考验期结束,由于在这期间表现良好,并未做出其他的违法违规行为,他不用再被执行拘役。

小白决定出门找一份正式工作,向许多公司投递了简历,但有部分公司要求他提供无犯罪记录证明。

小白十分疑惑:他没有进监狱服刑,而是待在家里进行改造,这样的经历到底算不算有犯罪记录呢?他有没有案底呢?

《中华人民共和国刑法》第七十六条规定：对宣告缓刑的犯罪分子，在缓刑考验期限内，依法实行社区矫正，如果没有本法第七十七条规定的情形，缓刑考验期满，原判的刑罚就不再执行，并公开予以宣告。

小白找到了律师，说出了自己的疑惑。

律师向他解释道，根据《刑法》第七十六条的规定，被判缓刑也是一种刑罚，会留有案底。我国没有前科消除制度，不管是违法记录，还是犯罪记录都会伴随当事人终生。所以，判处缓刑是会留有案底的。

小白听后，不免有些失落。这意味着，他今后不能再从事一部分工作了。

但同时，律师也鼓励他说："请不要灰心，你可以向政府、社会组织或者身边的亲人、朋友寻求帮助，多多寻找身边的就业信息和培训项目，积极提升自己，总会找到适合自己的工作的。"

往者不可谏，来者犹可追。小白决定重新振作起来，用阳光心态面对不确定的未来。

法律小课堂

在我国，被判缓刑也是一种刑罚，会留有案底。但要注意的是，留下案底后，成年人与未成年人会有以下区别：

（1）对未成年人来说，《刑事诉讼法》第二百八十六条规定：

犯罪的时候不满十八周岁，被判处五年有期徒刑以下刑罚的，应当对相关犯罪记录予以封存。

犯罪记录被封存的，不得向任何单位和个人提供，但司法机关为办案需要或者有关单位根据国家规定进行查询的除外。依法进行查询的单位，应当对被封存的犯罪记录的情况予以保密。

（2）对成年人来说，我国是没有彻底的前科消除制度的，不管是违法记录，还是犯罪记录都会伴随当事人终生。一旦留下刑事案底，当事人就不能参军，不能进入机关单位工作，也不能参与与信托责任有关的工作（如保险业和银行业）；同时，还会影响子女考公务员。因此，在自己即将要冲动行事之前，一定要再三考虑，避免造成不可挽回的后果。

减刑机制

21 被判处有期徒刑二十年后，最快几年能出来？

　　小谢的人生路本来一帆风顺，但因一时贪念，参与贩毒与洗钱，两罪并罚，被判处了二十年有期徒刑。

　　小谢犯罪入狱后，父亲伤心欲绝，虽然只有五十多岁，头发却已全白，母亲更是经常生病。当他的父母来看望他时，小谢幡然醒悟。

事后，他的父母向律师问道："小谢现在想好好改造，有可能减刑吗？最多能减多少年呢？"

那么，小谢被判处二十年有期徒刑，最少执行几年？

《中华人民共和国刑法》第七十八条规定：

减刑以后实际执行的刑期不能少于下列期限：

（一）判处管制、拘役、有期徒刑的，不能少于原判刑期的二分之一；

（二）判处无期徒刑的，不能少于十三年；

（三）人民法院依照本法第五十条第二款规定限制减刑的死刑缓期执行的犯罪分子，缓期执行期满后依法减为无期徒刑的，不能少于二十五年，缓期执行期满后依法减为二十五年有期徒刑的，不能少于二十年。

律师回答道："小谢原先被判处的刑期为二十年，根据《刑法》第七十八条的规定，被判处管制、拘役、有期徒刑的，减刑后的实际刑期不能少于原判刑期的二分之一。所以，他如果积极参与改造，最快十年就能出狱。"

在这之后，小谢主动找监狱工作人员交流，希望好好改造，争取早日减刑回家。分监区的工作人员每周都会分析，每月进行评估，持续关注小谢的表现，经常与他谈心，普及法律知识。在工作人员的坚持下，小谢焕然一新，积极配合改造工作，多次被评为监狱改造积极分子和改造标兵。

小谢开始经常与父母联系，分享自己的感悟与成长。小谢终于获得了服刑以来的第一次减刑。监狱座谈会上他分享道："一定要珍惜生活，远离毒品！"

法律小课堂

被判处有期徒刑后，最少执行几年才能出狱呢？

被判处管制、拘役、有期徒刑的犯罪分子，减刑后实际执行的刑期不能少于原判刑期的二分之一。如果某人被判了二十年的有期徒刑，除去审判前的关押时间，最少服刑十年可以出狱。

那么，犯罪分子获得减刑的方式有哪些？根据《刑法》第七十八条的规定，犯罪分子可以通过以下方式积极表现，获得减刑的机会：

（1）帮助揭发监狱内外的重大犯罪活动，并且这些犯罪活动是真实的；

（2）阻止他人进行重大犯罪活动；

（3）在日常生产和生活中，为了拯救他人的生命而舍己救人；

（4）在抵御自然灾害或者解决重大事故中，有突出的表现；

（5）有发明创造或者作出重大技术革新。

22 母亲和女朋友同时掉进河里，先救谁？

张小芸与李大伟是一对情侣，两人在大城市打拼已经三年了。最近，两人开始谈婚论嫁。

由于李大伟是单亲家庭，家中只有一位老母亲，目前已经丧失劳动能力，李大伟希望两人婚后能够将老母亲接过来与夫妻二人一起生活。于是，他与张小芸商议，征求张小芸的意见。

听说婆媳关系最难处理，张小芸听到李大伟的这一要求，心中不免开始担忧，害怕到时候与婆婆产生冲突，更怕李大伟到时候只帮自己的母亲不帮自己，于是决定考验李大伟。张小芸向李大伟问了一个尖锐的问题："如果你妈和我同时掉进河里，你先救谁？"

这下可把李大伟难住了，支支吾吾不敢应答。

然而，张小芸却不肯这么轻易放过李大伟，于是李大伟只好说："救你，先救你。"

《中华人民共和国民法典》第二十六条规定：父母对未成年子女负有抚养、教育和保护的义务。成年子女对父母负有赡养、扶助和保护的义务。

《中华人民共和国刑法》第二百三十二条规定：故意杀人的，处死刑、无期徒刑或者十年以上有期徒刑；情节较轻的，处三年以上十年以下有期徒刑。

由上述法律可知，成年子女对父母负有赡养、扶助和保护的义务。母亲和女朋友同时掉进水里，救女朋友属于道德义务，救母亲属于法定义务，能救助却不救助母亲，将构成不作为故意杀人罪。

而《刑法》第二百三十二条规定，故意杀人的，处死刑、无期徒刑或者十年以上有期徒刑；情节较轻的，处三年以上十年以下有期徒刑。

尽管张小芸和李大伟只是在探讨假定情形，但如果真的发生这种事情，李大伟若选择救女朋友而不救助母亲，那么等待他的，将会是刑法的制裁。

　　有时候，法律和道德可能存在一些冲突。有些行为在法律上是被允许的，但在道德上却不被认可，反之亦然。

　　比如，面对"母亲和女朋友同时面临危险，先救谁"的问题，就涉及"不作为故意杀人罪"的法律概念。不作为故意杀人罪，是指有义务实施而不去实施某项行为导致他人死亡。与传统的故意杀人罪不同，不作为故意杀人罪是不作为，而传统的故意杀人是积极的作为。

过失致人死亡罪

23

争吵中将人扇倒后磕到桌角致死，算故意杀人吗？

　　小张与小袁是一个部门的同事。一天，两人因为一件琐事发生了争执，小袁一直在辱骂小张，甚至称小张"没长眼睛"。小张忍无可忍，向小袁甩去重重的一巴掌。

没想到，小袁竟然一个后仰，后脑勺磕到了桌角，顿时鲜血直流，不到一分钟，小袁竟然昏死了过去。小张慌了，连忙叫人将小袁送去医院，但小袁最终还是死亡了。

《中华人民共和国刑法》第二百三十三条规定：过失致人死亡的，处三年以上七年以下有期徒刑；情节较轻的，处三年以下有期徒刑。本法另有规定的，依照规定。

本案发生后，小张被公安抓获。检察院以小张涉嫌故意伤害罪向法院起诉。

在庭审过程中，小张的辩护律师提出，在本案中死者存在过错，他一直在辱骂、招惹小张。并且小张只是想给他一巴掌，通常情况下一巴掌不能将人置于死地，小袁的死亡是因为意外磕碰到了桌角，失血过多而死。换句话说，他的死亡结果是过失所致，应该认定为过失致人死亡罪。

根据《刑法》的相关规定，过失致人死亡的，处三年以上七年以下有期徒刑；情节较轻的，处三年以下有期徒刑。

法庭审查全案证据，查明案件事实后，采纳了辩护律师的意见。最终以过失致人死亡罪对小张定罪处罚。

法律小课堂

过失致人死亡罪是指行为人因疏忽大意没有预见到或者已经预见而轻信能够避免造成的他人死亡，剥夺他人生命权的行为。如果是过失致人死亡的，将被处三年以上七年以下有期徒刑；如果情节较轻，则处三年以下有期徒刑。

在生活中，我们可能会遇到与他人发生争执的情况。如果在发生争执时，被他人骂了，我们应该报警处理，公安机关会根据辱骂的程度以及后果判断如何处罚：

（1）辱骂他人，不构成犯罪的，可予以治安处罚，处五日以下拘留或者五百元以下罚款；情节较重的，处五日以上十日以下拘留，可以并处五百元以下罚款。

（2）辱骂他人，构成侮辱罪的，处三年以下有期徒刑、拘役、管制或者剥夺政治权利。

（3）辱骂他人，构成寻衅滋事罪的，处五年以下有期徒刑、拘役或者管制；纠集他人多次辱骂他人的、严重破坏社会秩序的，处五年以上十年以下有期徒刑，可以并处罚金。

强制猥亵、侮辱罪

24 被侵犯者是男性，
是否构成强奸罪？

　　一天深夜，小王喝得酩酊大醉，在花园的石凳上坐下休息。不知过了多久，小王醒来，发现自己正被一名男子盯着。

　　"喂，醒醒！"该男子用力推小王。小王没理会他，继续睡。

该男子见小王醉酒，神志不清，就起了歹心。他将小王推醒，命令他把衣服脱光。一段时间的撕扯之后，该男子强行侵犯了小王。直到一名出租车司机路过，看到小王的惨状，报了警，小王才脱离魔爪。

> 《中华人民共和国刑法》第二百三十七条规定：以暴力、胁迫或者其他方法强制猥亵他人或者侮辱妇女的，处五年以下有期徒刑或者拘役。
>
> 聚众或者在公共场所当众犯前款罪的，或者有其他恶劣情节的，处五年以上有期徒刑。

最终，该男子被警方抓获。检察院以该男子涉嫌强制猥亵、侮辱罪向法院起诉。等待他的将是法律的严惩。

法律小课堂

侵犯男性是否构成强奸罪呢？

强奸罪，是指违背妇女意志，使用暴力、胁迫或者其他手段，强行与妇女发生性交的行为，或者故意与不满 14 周岁的幼女发生性关系的行为。

根据法无规定不为罪的原则，我国现行法律中将强奸罪的犯罪对象仅仅限定在妇女的范围内，因此与男子发生性关系是可以不构成强奸罪的。

强奸罪侵犯的对象是所有女性，不包括男性。但是，性侵男子可以强制猥亵、侮辱罪定罪量刑。根据《刑法》第二百三十七条的规定，以暴力、胁迫或者其他方法强制猥亵他人或者侮辱妇女的，处五年以下有期徒刑或者拘役。聚众或者在公共场所当众犯前款罪的，或者有其他恶劣情节的，处五年以上有期徒刑。猥亵儿童的，依照前两款的规定从重处罚。但是基于强制猥亵、侮辱罪的量刑较轻，在实践中，性侵男子还会涉嫌故意伤害罪。

强奸罪 1

25 女性会构成强奸罪吗?

小丽和丈夫结婚一年有余,但总觉得自己对丈夫没有吸引力。她家里的保姆年轻貌美,遂想帮助老公强奸保姆。

小丽将这个主意告诉了丈夫,丈夫鬼迷心窍,色欲熏心,竟然同意了这个想法。于是,他们合谋将保姆灌醉,并让丈夫去实施强奸。

保姆醒来后非常愤怒,她不愿忍受这种耻辱,向警方报了案。警方果断行动,逮捕了这对夫妻。

随后,检察院以两人涉嫌强奸罪向法院起诉。

《中华人民共和国刑法》第二百三十六条规定：以暴力、胁迫或者其他手段强奸妇女的，处三年以上十年以下有期徒刑。

奸淫不满十四周岁的幼女的，以强奸论，从重处罚。

强奸妇女、奸淫幼女，有下列情形之一的，处十年以上有期徒刑、无期徒刑或者死刑：

（一）强奸妇女、奸淫幼女情节恶劣的；

（二）强奸妇女、奸淫幼女多人的；

（三）在公共场所当众强奸妇女、奸淫幼女的；

（四）二人以上轮奸的；

（五）奸淫不满十周岁的幼女或者造成幼女伤害的；

（六）致使被害人重伤、死亡或者造成其他严重后果的。

在庭审过程中，小丽提出辩解，她认为自己是女性，怎么可能构成强奸罪呢？

但公诉人指出，根据《刑法》的相关规定，小丽教唆并帮助丈夫对家中的保姆实施强奸，是这起强奸案的共犯，构成强奸罪。

法院审查全案证据后，采纳了公诉人的意见，认定小丽的行为构成了强奸罪。

法律小课堂

女性会构成强奸罪吗？对此，我们要分情况看待：

（1）女性单独不构成强奸罪。

（2）但是，如果教唆或者帮助他人实施强奸行为，那她就会构成强奸罪的共同犯罪，也构成强奸罪。

如果女性单独对他人性侵，则可能构成强制猥亵、侮辱罪。

强奸罪 2

26 婚姻关系中
也适用强奸罪吗?

　　李先生和张女士是一对感情不太好的夫妻,分居一年多了。两人约定好了办理离婚手续的时间,但一直没有去办理。

　　有一天,李先生喝多了酒,找到张女士,诉说了对张女士的思念,并趁机将张女士拉入卧室,把她推倒在床上,强行与她发生了性关系。

事后，张女士直接报了警，并要求追究李先生的刑事责任。那么，李先生的行为到底构不构成强奸罪呢？

《中华人民共和国刑法》第二百三十六条规定：以暴力、胁迫或者其他手段强奸妇女的，处三年以上十年以下有期徒刑。

奸淫不满十四周岁的幼女的，以强奸论，从重处罚。

强奸妇女、奸淫幼女，有下列情形之一的，处十年以上有期徒刑、无期徒刑或者死刑：

（一）强奸妇女、奸淫幼女情节恶劣的；

（二）强奸妇女、奸淫幼女多人的；

（三）在公共场所当众强奸妇女、奸淫幼女的；

（四）二人以上轮奸的；

（五）奸淫不满十周岁的幼女或者造成幼女伤害的；

（六）致使被害人重伤、死亡或者造成其他严重后果的。

法律小课堂

婚姻关系中也适用强奸罪吗？

结婚并不能剥夺女性的性自然权利，同样法律亦未将丈夫排除在强奸罪的主体之外。一般情况下，丈夫不能成为强奸罪的主体，但在婚姻关系非正常期间，婚内强奸可以构成强奸罪。夫妻关系是一种平等、对应的权利义务关系，建立在平等基础上的性权利自然排斥另一方以不平等乃至暴力的方式实现权利之可能，任何一方不情愿地屈从自己的意志被迫履行性义务，都违反了性权利平等原则。在婚姻不正常、不稳定的状态下，即使双方属于合法的婚姻关系，其仅有婚姻的形式要件，而无婚姻的实质要件，一纸结婚证书不能成为阻却强奸罪成立的事由。

强奸罪 3

27 怎样认定强奸罪中的"违背妇女意愿"?

　　小美最近和男朋友分手了，她一个人来到酒吧，喝得烂醉如泥。一名男子盯上了小美，小美神志不清，任由他将自己抱上车。

一进宾馆，男子迫不及待地脱掉小美的衣服，对她动手动脚，并发生了性关系。小美清醒过来后，发现自己赤身裸体地躺在床上，大喊道："我要报警！"

该男子慌忙从宾馆逃出，小美则立刻报了警。警察很快找到该男子，并将其逮捕归案。

检察院以该男子涉嫌强奸罪向法院起诉。

《中华人民共和国刑法》第二百三十六条规定：以暴力、胁迫或者其他手段强奸妇女的，处三年以上十年以下有期徒刑。

奸淫不满十四周岁的幼女的，以强奸论，从重处罚。

强奸妇女、奸淫幼女，有下列情形之一的，处十年以上有期徒刑、无期徒刑或者死刑：

（一）强奸妇女、奸淫幼女情节恶劣的；

（二）强奸妇女、奸淫幼女多人的；

（三）在公共场所当众强奸妇女、奸淫幼女的；

（四）二人以上轮奸的；

（五）奸淫不满十周岁的幼女或者造成幼女伤害的；

（六）致使被害人重伤、死亡或者造成其他严重后果的。

在庭审过程中，该男子辩称，他当时已经问过小美是否愿意发生性关系，小美表示同意。因此，他构不成强奸罪。

小美的代理律师认为，小美当晚已严重醉酒，失去了行动能力和分辨是非的能力，无法判断男子说的话。该男子明知此状况，仍将其带离酒吧并实施性侵，违背其意愿，应当认定为强奸行为。

法院审查全案证据后，采纳了代理律师的意见，认定该男子的行为构成强奸罪，须承担相应的刑事责任。

法律小课堂

怎样认定强奸罪中的"违背妇女意愿"？

根据《刑法》第二百三十六条的规定：以暴力、胁迫或者其他手段强奸妇女的，处三年以上十年以下有期徒刑。

因此，"以暴力、胁迫或者其他手段"强奸妇女的，即为违背妇女意愿。暴力、胁迫形式当然是最常见的情况，但还有一些如本案中的"其他手段"，也属于"强迫妇女意愿"，而这些才是女性最应该警惕的，包括但不限于以下手段：

（1）趁女性喝醉酒，与其发生性关系；

（2）向女性酒水中加入带有麻醉功能的药物，导致女性不能或者无法抵抗，而发生性关系；

（3）向女性酒水中加入"春药"，而发生性关系；

（4）其他任何未经女性同意，而发生性关系的行为都涉嫌强奸。

因此，女性遇到以上情形，应该立刻报警，以寻求帮助，不要有任何的顾虑。

收买被拐卖的妇女、儿童罪

28 "买老婆"会被怎样判罚？

在某偏远乡村，小万家境拮据，到了而立之年也没有娶到媳妇。他听说可以花钱"买老婆"。经过多方打听，他终于找到了"卖家"。付完钱之后，他准备带着自己的"媳妇"回家。

没想到，就在回家的途中，该女子挣脱了束缚，跑到了当地的公安局，称自己被拐卖到此地，希望公安人员能够带她回家。

当地公安机关高度重视此事，立即控制住小万，并将他抓捕归案。随后，当地检察院以小万涉嫌收买被拐卖的妇女罪向法院起诉。

《中华人民共和国刑法》第二百四十一条规定：收买被拐卖的妇女、儿童的，处三年以下有期徒刑、拘役或者管制。收买被拐卖的妇女，强行与其发生性关系的，依照本法第二百三十六条的规定定罪处罚。收买被拐卖的妇女、儿童，非法剥夺、限制其人身自由或者有伤害、侮辱等犯罪行为的，依照本法的有关规定定罪处罚。

公诉人认为，根据《刑法》的相关规定，收买被拐卖的妇女、儿童的，处三年以下有期徒刑、拘役或者管制。小万花钱"买下"这名女子做"老婆"，已经违反了《刑法》的相关规定，属于收买被拐卖的妇女罪。

法院审查全案证据后，采纳了公诉人的意见，认定小万的行为属于收买被拐卖的妇女罪，应当受到刑事处罚。

最后，该女子得到解救，而小万受到了应有的惩罚。

法律小课堂

"买老婆"会被怎样判罚？

在许多偏远贫穷的农村，存在一些花钱"买老婆"的现象。这种现象不仅违反了公序良俗，还是严重的违法犯罪行为。

收买被拐卖的妇女、儿童罪，处三年以下有期徒刑、拘役或者管制，表面上看量刑不重，其实不然。收买被拐卖的妇女，强行与其发生性关系的，构成强奸罪；非法剥夺、限制其人身自由的，构成非法拘禁罪；有伤害、侮辱等犯罪行为的，构成故意伤害罪、侮辱罪。而且，这些罪都是数罪并罚。

非法拘禁罪

29　把欠钱的人关起来直到还钱，会构成犯罪吗？

小林与小方是老同学。五年前，小林向小方借了 50 万元做生意，双方签订借据，约定三年后返还。

然而，三年期限已到，小林却迟迟不愿还钱。每次小方上门催讨，小林都找尽各种借口，后来小方甚至开始频频吃闭门羹。

今年 2 月，小方再次上门催讨时发现小林已经悄悄搬家，经过多方寻找，小方终于再次找到了小林。随后，小方趁小林下班，将小林强制关到自己家中，扬言小林必须还钱，如果小林还不还钱，就将他关到还钱为止。

三天后，小林的家人得知此事，上门要人无果，于是急忙向公安机关报案。小方被公安机关抓获。随后，检察院以小方涉嫌非法拘禁罪向法院起诉。

《中华人民共和国刑法》第二百三十八条规定：非法拘禁他人或者以其他方法非法剥夺他人人身自由的，处三年以下有期徒刑、拘役、管制或者剥夺政治权利。具有殴打、侮辱情节的，从重处罚。犯前款罪，致人重伤的，处三年以上十年以下有期徒刑；致人死亡的，处十年以上有期徒刑。使用暴力致人伤残、死亡的，依照本法第二百三十四条、第二百三十二条的规定定罪处罚。为索取债务非法扣押、拘禁他人的，依照前两款的规定处罚。国家机关工作人员利用职权犯前三款罪的，依照前三款的规定从重处罚。

　　根据《刑法》的相关规定，为索取债务非法扣押、拘禁他人的，属于非法拘禁罪。非法拘禁他人或者以其他方法非法剥夺他人人身自由的，处三年以下有期徒刑、拘役、管制或者剥夺政治权利。

　　在庭审过程中，小林的代理律师认为，根据《刑法》的相关规定，为索取债务非法扣押、拘禁他人的，属于非法拘禁罪。尽管小方对小林实施拘禁事出有因，其目的是追讨回债务，但实际行为（将小林关在自己家）已经造成限制小林人身自由，应当确认为非法拘禁罪。

法院经审理后，采纳了小林的代理律师的意见，认定被告人小方对被害人进行非法扣留、看管，剥夺他人人身自由长达三天之久，其行为构成非法拘禁罪，小方需承担刑事责任。

法律小课堂

通过拘禁的方式讨债，为什么会构成犯罪？

法律赋予我们可以通过合理的方式追讨债务的权利，但非法拘禁他人属于违反《刑法》的行为，是不可取的。因此，我们在维护自身的财产利益时，一定要利用恰当的方式和手段，切勿触碰法律的红线。

那么，当别人欠钱不还时，我们应该怎样合法维护自己的权益？

（1）报警。当债务人不履行还款义务时，债权人可以向公安机关报案，将违约行为纳入公安部门的处理范畴。公安机关会根据实际情况进行立案和调查，并将其结果作为证据提供给相关部门。报警不仅可以帮助债权人维权，也可以警示社会对于违约行为的零容忍态度。

（2）民事诉讼。当债务人不履行还款义务时，债权人可以向人民法院起诉，通过法律程序追回欠款。在此过程中，债权人需要准备好相关证据，并向法院提出具体的诉求和赔偿要求。法院会根据实际情况判决，包括追回欠款、支付利息和赔偿损失等。

（3）其他民事救济途径。比如，可以向银行提出申请，将债务人的账户冻结，以防对方"跑路"。

诬告陷害罪

30 错告他人是否
构成诬告陷害罪?

一天，大壮走过某条偏僻的小路时，发现了一具尸体，他当场被吓得几乎不能动弹。此时，一个陌生人匆匆走过，大壮愣了一下，然后赶忙报了警。

警方赶过来之后，大壮向警方描述了他的发现，并认为刚才那个陌生人的行踪十分可疑，可能是那个陌生人杀的人。警方立即调查起来，很快找到了那个陌生人，他被警方带到了警察局进行审讯。

在审讯中，该男子称自己是阿峰，而他对此次案件完全不知情。经过深入的调查，警方发现阿峰与这次案件没有任何关系，他只是个普通的过路人。经过法医鉴定，确定死者的死因是猝死，与他人无关。

那大壮的错误指认是否构成诬告陷害罪呢？

《中华人民共和国刑法》第二百四十三条规定：捏造事实诬告陷害他人，意图使他人受刑事追究，情节严重的，处三年以下有期徒刑、拘役或者管制；造成严重后果的，处三年以上十年以下有期徒刑。国家机关工作人员犯前款罪的，从重处罚。不是有意诬陷，而是错告，或者检举失实的，不适用前两款的规定。

经过公安机关的侦查发现，大壮并非故意捏造事实诬告陷害他人，意图使他人受刑事追究，而是错告。做完笔录之后，大壮就平安回家了。

法律小课堂

错告他人是否构成诬告陷害罪？

首先，大多数情况下，错告不构成犯罪。因为如果错告会构成犯罪的话，那以后大家就不敢去报案了，万一错告了呢？

　　其次，如果大家知道刑事案件的相关证据、线索，一定要及时向办案人员举报，这是每个公民的义务和责任，可以帮助办案人员有效打击犯罪。

侮辱、诽谤罪

31 在网络上散布谣言，会被怎样判罚？

玲玲是一名小有名气的美妆博主，最近，她的视频越做越优质，粉丝数量也跟着上涨。眼看着一切都在往好的形势发展，然而，玲玲突然被曝出很多"黑料"，一时之间负面新闻缠身。

一番调查之下，原来，最近某品牌商想找玲玲做推广，而这家品牌商之前是与同行业的博主美美签约的，如今合同到期，美美害怕玲玲动了她的"奶酪"，于是在网络上散布了关于玲玲的谣言，用小号辱骂玲玲。

了解到真相后，玲玲怒火中烧。

但她保持理智，聘请律师调查取证，保存好相关证据之后，果断以侮辱、诽谤罪向法院起诉。

《中华人民共和国刑法》第二百四十六条规定：以暴力或者其他方法公然侮辱他人或者捏造事实诽谤他人，情节严重的，处三年以下有期徒刑、拘役、管制或者剥夺政治权利。

前款罪，告诉的才处理，但是严重危害社会秩序和国家利益的除外。

通过信息网络实施第一款规定的行为，被害人向人民法院告诉，但提供证据确有困难的，人民法院可以要求公安机关提供协助。

玲玲的代理律师认为，互联网是我们真实社会空间的一部分，并非法外之地。美美用小号在玲玲的评论区公然辱骂玲玲，并且捏造事实诽谤玲玲，情节特别严重，已经符合侮辱、诽谤罪的构成要件。与此同时，玲玲的代理律师将相关证据提交法院。

法院审查全案证据后，采纳了代理律师的意见，认定美美的行为构成侮辱、诽谤罪。

法律小课堂

网络是现实社会的延伸，并非法外之地。在网络上，每个人都应该尊重他人的权利和尊严，避免进行无中生有的诽谤和公然辱骂。这样的行为不仅违反了社会的道德准则和公序良俗，也可能构成违法。如果达到了刑法规定的标准，就需要承担刑事责任。

从施暴者的角度来看，在网上辱骂和诽谤他人并非无风险的行为。如果行为确定为违法，施暴者可能会面临刑事处罚，这可能包括有期徒刑、罚金等。即使未达到刑事处罚的程度，也可能面临治安处罚，如罚款、警告等。

从受害者的角度来看，如果我们在网络上遭受了辱骂或诽谤，首先应该保存好证据，例如截图、录音、视频等。然后可以寻求法律帮助，咨询律师，了解自己的权利。如果有必要，可以向警方报案，或者通过法律途径寻求赔偿。

重婚罪

32 重婚罪一定是指与 配偶以外的人结婚吗？

在深圳工作的小雯结识了一名男子吴某，在对方送鲜花、买项链等糖衣炮弹的攻势下，小雯很快沦陷，答应了吴某的追求。

半年后，两人正式同居。可是，突然有一天，一名女子抱着孩子闯入了他们的住处。看到吴某时，该女子称自己是吴某的妻子，并咒骂吴某抛妻弃子，与吴某发生了肢体冲突。

小雯看到这个场景不知所措，更是满脸疑惑。于是，情急之下，她打电话报了警。公安人员赶到现场，将三人带到公安局进行问话。

经公安人员问话和取证，小雯才知道，原来这名女子与吴某是夫妻关系，两人已经结婚三年了，并育有一子，而女子抱着的孩子正是吴某的小孩。

随后，吴某被公安机关抓捕。检察院以吴某涉嫌重婚罪向法院起诉。

《中华人民共和国刑法》第二百五十八条规定：有配偶而重婚的，或者明知他人有配偶而与之结婚的，处二年以下有期徒刑或者拘役。

《中华人民共和国民法典》第一千零四十二条规定：禁止包办、买卖婚姻和其他干涉婚姻自由的行为。禁止借婚姻索取财物。

禁止重婚。禁止有配偶者与他人同居。

禁止家庭暴力。禁止家庭成员间的虐待和遗弃。

吴某在有配偶的情况下，还与小雯以夫妻名义在一起同居，构成重婚罪。最终，吴某被以重婚罪定罪处罚。

法律小课堂

什么叫以夫妻名义同居？可以考虑以下情形予以认定。

（1）一起共同生活。

（2）在亲朋好友圈以夫妻名义公开自己的状态，比如举办婚礼。

（3）在生活区等陌生人圈里，表现为夫妻状态。

33　"请人吃饭"也可能被诈骗吗？

小赵是一个单身小伙子。有一天，小赵在网上认识了一个名叫娜娜的女孩，二人很快网恋起来。

娜娜主动约小赵见面，小赵精心打扮，还准备了礼物。

娜娜长得很漂亮，她一直提议去高档西餐厅消费，小赵勉强答应了。落座之后，娜娜先点了一杯烈酒怂恿小赵喝下。

一杯烈酒下肚，小赵醉意已浓……那一夜，小赵喝断片儿了，第二天醒来看账单，发现消费了很多瓶贵重的红酒、洋酒，共花费了近2万元。

但是，在这之后，娜娜就消失了，手机停机，QQ也不再上线。小赵这才恍然大悟，原来娜娜是个骗子！

小赵迅速报警，并将事情的经过和公安人员讲清楚。公安人员根据线索，将娜娜缉拿归案。之后，检察院以娜娜涉嫌诈骗罪向法院起诉。

《中华人民共和国刑法》第二百六十六条规定：诈骗公私财物，数额较大的，处三年以下有期徒刑、拘役或者管制，并处或者单处罚金；数额巨大或者有其他严重情节的，处三年以上十年以下有期徒刑，并处罚金；数额特别巨大或者有其他特别严重情节的，处十年以上有期徒刑或者无期徒刑，并处罚金或者没收财产。

小赵的代理律师认为娜娜的行为构成诈骗罪。从当晚现场视频看，小赵是在醉酒后无意识的状态下打开手机，然后娜娜拿着他的手机让服务员买的单。而且第二天娜娜就失踪了，无法联系上。这就符合诈骗罪中的"以非法占有为目的，虚构事实、隐瞒真相"的构成要件。

法院综合审查全案证据后，采纳了代理律师的意见，认定娜娜的行为构成诈骗罪。

法律小课堂

请人吃饭时，如果请客对象不是熟人，就要格外注意了，因为对象有可能是"酒托"！

那么，在生活中，我们应该如何防范"酒托"诈骗呢？

首先，在消费前，看好菜单上的价格，如果担心醉酒后被换菜单，可以用手机拍照保存。

其次，尽可能不要饮酒过量，避免出现在醉酒后做出不理智消费的行为。

再次，拒绝陪酒的建议，把"酒托"支开。

最后，需要说明的是，不一定所有的"酒托"行为都构成诈骗罪，要具体分析每个案例的详细情况。

如果"酒托"在消费者下单购买之前，已经明确告知其商品或服务的价格，并得到消费者确认同意，那么这种行为更接近正常的市场推广或销售行为，不应构成诈骗罪。任何人都应对自己在清醒状态下的商业行为负责，不能因为价格太高就推卸责任。

侵占罪

34 代为保管财物后不还，构成犯罪吗？

大强与小明是好朋友。大强父母去世得早，家中无兄弟，大强把小明当成亲兄弟。三年前，大强要外出打工，将自己的传家宝，价值 50 万元的玉镯交由小明保管。双方签订了"代为保管书"的字据留存，并按下了指印。

在外打工期间，大强交了一个女朋友，双方在外共同打拼。两个月前，大强带着女朋友回了家，打算在老家把婚事办了。于是，大强拿出当初两人签下的字据，要求小明将玉镯还给自己。

没想到，小明却说根本没有这回事，不肯归还这个"子虚乌有"的玉镯。大强气急，只好拿着字据直接向法院起诉小明构成侵占罪。

> 《中华人民共和国刑法》第二百七十条规定：将代为保管的他人财物非法占为己有，数额较大，拒不退还的，处二年以下有期徒刑、拘役或者罚金；数额巨大或者有其他严重情节的，处二年以上五年以下有期徒刑，并处罚金。将他人的遗忘物或者埋藏物非法占为己有，数额较大，拒不交出的，依照前款的规定处罚。本条罪，告诉的才处理。

《刑法》明确规定，将代为保管的他人财物、遗忘物或者埋藏物非法占为己有，数额较大，拒不交出的，构成侵占罪。

小明收到法院的传票后，紧张了起来。赶忙找到大强调解，将价值 50 万元的玉镯还给了大强。大强考虑到小明是自己的好朋友，于是向法院提出撤诉，这事得以了结。

法律小课堂

捡到东西不还、保管财物不还等行为在民法领域属于不当得利，但是金额达到了一定的标准，就属于刑事领域的侵占罪。

侵占罪是一个"民不告，官不理"的罪名。这就使得起诉人有绝对的控制权，他可以随时撤诉。只要对方把财物还了，达到自己的目的了，就可以向法院申请撤诉。我们需要在日常生活中尊重他人的财产权，避免因无意间的行为导致法律纠纷。

在将财物交予他人保管时，大家一定要留有凭证，如书面的借条、存物凭证、签字盖章的合同等。这样在出现纠纷时，有相关的法律依据，才能有效地维护个人权益，避免财产损失。此外，选择信誉良好的保管机构，也是保障自己财产安全的一种方式。

职务侵占罪

35 什么是"职务侵占罪"？

阿勇是某家互联网公司的职员，专门负责管理公司的后勤物资。半个月前，公司拓展业务规模，新购了一批电脑，并将之前的旧电脑换了下来。

阿勇想，换下来的旧电脑应该没有人在意，于是偷偷将其中的 3 台旧电脑运回家中，并将这 3 台旧电脑卖到了旧货市场，获利 1 万多元。

但这件事情很快就暴露了。同事小余在隔天清点物品时发现少了 3 台旧电脑，随后便向领导汇报了这件事。通过调取监控，公司发现是阿勇私吞了公司的财物。

得知此事后，公司立刻将阿勇解雇，并且报警。

《中华人民共和国刑法》第二百七十一条规定：公司、企业或者其他单位的工作人员，利用职务上的便利，将本单位财物非法占为己有，数额较大的，处三年以下有期徒刑或者拘役，并处罚金；数额巨大的，处三年以上十年以下有期徒刑，并处罚金；数额特别巨大的，处十年以上有期徒刑或者无期徒刑，并处罚金。

国有公司、企业或者其他国有单位中从事公务的人员和国有公司、企业或者其他国有单位委派到非国有公司、企业以及其他单位从事公务的人员有前款行为的，依照本法第三百八十二条、第三百八十三条的规定定罪处罚。

阿勇利用职务之便，私吞公司 3 台旧电脑，价值 1 万多元，涉及金额较大。根据《刑法》的相关规定，公司、企业或者其他单位的工作人员利用职务上的便利,将本单位财物非法占为己有,数额较大的,构成职务侵占罪。最终,法院以职务侵占罪对阿勇定罪处罚。

 法律小课堂

　　如何区别"职务侵占罪""盗窃罪"和"贪污罪"?

　　(1)利用职务的便利偷盗公司的财物,比如阿勇利用专门负责管理公司的后勤物资的职务便利,偷盗公司财物,就有可能构成职务侵占罪;

　　(2)如果该公司是国企,阿勇就有可能构成贪污罪;

　　(3)如果阿勇没有利用职务之便而偷盗了公司财物,就有可能构成盗窃罪。

挪用资金罪

36　用公司的钱炒股，
　　会构成什么罪？

　　小静是一家公司的财务人员。六个月前，她看到股市行情很好，想要进入股市大赚一笔。但是，自己的资金有限，凭自己那点钱根本无法快速"致富"。小静决定利用职务之便，悄悄挪用公司部分资金，用于炒股。

　　于是，小静从公司转账 10 万元投入股市。正当她幻想着不久后自己的钱包慢慢变鼓时，股市却下跌了。她挪用的公司资金被牢牢套住，一时半会儿转不出来。

　　最近，公司突然开始实行财务制度改革，在查账时发现少了 10 万元资金。公司立即向公安机关报案。经过一番侦查，公安人员发现是小静挪用了公司资金。

　　随后，小静被公安机关抓捕。检察院以小静涉嫌挪用资金罪向法院起诉。

《中华人民共和国刑法》第二百七十二条规定：公司、企业或者其他单位的工作人员，利用职务上的便利，挪用本单位资金归个人使用或者借贷给他人，数额较大、超过三个月未还的，或者虽未超过三个月，但数额较大、进行营利活动的，或者进行非法活动的，处三年以下有期徒刑或者拘役；挪用本单位资金数额巨大的，处三年以上七年以下有期徒刑；数额特别巨大的，处七年以上有期徒刑。

国有公司、企业或者其他国有单位中从事公务的人员和国有公司、企业或者其他国有单位委派到非国有公司、企业以及其他单位从事公务的人员有前款行为的，依照本法第三百八十四条的规定定罪处罚。有第一款行为，在提起公诉前将挪用的资金退还的，可以从轻或者减轻处罚。其中，犯罪较轻的，可以减轻或者免除处罚。

小静作为公司的财务人员，利用职务上的便利，挪用公司资金用于个人炒股。后来，她在被起诉前将挪用的资金退还。她的行为符合《刑法》关于挪用资金罪的构成要件，且事实清晰，证据确凿。

最终，法院判处她构成挪用资金罪，但是免除刑事处罚。小静流下了悔恨的眼泪。

法律小课堂

（1）挪用资金归个人使用，或者借给他人的（不赚取利息），三个月之内归还，不构成犯罪。超过三个月未还，就构成挪用资金罪。

（2）如果挪用资金用于营利活动，比如做生意，或者放贷赚利息的，不受三个月时间的限制，一经挪用便构成犯罪。

（3）如果挪用资金用于非法活动，比如用于赌博，也不受三个月时间的限制，一经挪用便构成犯罪。

（4）国有公司、企业或者其他国有单位中从事公务的人员和国有公司、企业或者其他国有单位委派到非国有公司、企业以及其他单位从事公务的人员，有以上行为的，构成挪用公款罪。

特别提示，在起诉前将挪用的资金退还的，可以从轻或者减轻处罚。其中，犯罪较轻的，可以减轻或者免除处罚。

37　什么是"妨害药品管理罪"?

金某常年代购一款俄罗斯的药品，并在朋友圈销售。该药品主治痛风，见效快、副作用小，价格也便宜。在近两年的时间里，金某共销售药品金额12万元，盈利3万元。

在此过程中，某位消费者在使用该款药物后，出现头昏脑胀、心律不齐等不良反应。协商未果后，该消费者向当地公安机关报案，称金某在无药品销售从业资格的情况下销售进口药品。

公安机关经过调查，很快在金某住处查获多种产自俄罗斯的药品，并查封了他的微信账号。经过鉴定，这些药品均未经批准进口。随后，金某被公安机关逮捕归案。检察院以金某涉嫌妨害药品管理罪向法院起诉。

《中华人民共和国刑法》第一百四十二条之一规定：

违反药品管理法规，有下列情形之一，足以严重危害人体健康的，处三年以下有期徒刑或者拘役，并处或者单处罚金；对人体健康造成严重危害或者有其他严重情节的，处三年以上七年以下有期徒刑，并处罚金：

（一）生产、销售国务院药品监督管理部门禁止使用的药品的；

（二）未取得药品相关批准证明文件生产、进口药品或者明知是上述药品而销售的；

（三）药品申请注册中提供虚假的证明、数据、资料、样品或者采取其他欺骗手段的；

（四）编造生产、检验记录的。

金某辩解道，自己卖的药品在国外是真药，只是在国内没有批文。这些药都是治病救人的药，且并没有造成严重后果，自己的行为未对公众造成严重后果，不应该被追究刑事责任。

金某未取得药品相关批准证明文件销售进口药品，且知道这些药品未经批准进口仍进行销售。金某的行为已经造成消费者使用其销售的药品出现不良反应，虽然并未造成严重的后果，但他的行为已经严重威胁了公众的生命健康安全，其行为符合妨害药品管理罪的构成要件。

最终，法院以妨害药品管理罪对金某定罪处罚。

法律小课堂

代购国外的药品很普遍，从事专业的药品代购需要特别谨慎。在我国，所有的药品必须经过国务院药品监督管理部门的审批，才能在市场上销售。否则，私自进口或销售这些未经批准的药品，将会给公众健康带来极大的风险，这是严重的违法行为，会受到刑事处罚。

在朋友圈或者其他社交平台销售国外的药品，如果这些药品没有在国内获得相关的批准文件，那么同样会构成妨害药品管理罪。在网络环境下，对药品销售的管理尤其严格，任何未经批准的药品在网上销售都是非法的。

如果被发现在社交媒体平台如朋友圈进行药品的非法代购，不仅会被要求停止销售，并且还可能面临刑事责任的追究。对于这种未经批准就私自销售药品的行为，我们应该监督举报，以保护自身和他人的健康安全。

走私罪

38 哪些行为会被
判定为"走私罪"？

　　小张是一位导游，精通欧洲旅行线路。在从事导游工作期间，他积累了大量境外奢侈品商家的资源，这让他心生通过海外代购赚"外快"的想法。

　　此后，小张开始利用自己的工作优势，专门为他人从欧洲代购奢侈品牌包、皮带、化妆品、手表等商品入境，然后交给国内的买家，从中获取巨额利润。

　　有时，为了规避风险，小张会将商品先邮寄到澳门，然后由"水客"携带入境，再通过快递送到国内买家手中。

　　在此过程中，小张代购的物品均未到相关部门进行报税处理。

　　好景不长，海关缉私局察觉到了这起走私犯罪活动，将小张抓捕归案。据统计，小张通过这种方式为他人代购的商品总价值约达500万元，偷逃应缴税额约220万元。随后，检察院以小张涉嫌走私罪向法院起诉。

《中华人民共和国刑法》第一百五十三条规定：

（一）走私货物、物品偷逃应缴税额较大或者一年内曾因走私被给予二次行政处罚后又走私的，处三年以下有期徒刑或者拘役，并处偷逃应缴税额一倍以上五倍以下罚金。

（二）走私货物、物品偷逃应缴税额巨大或者有其他严重情节的，处三年以上十年以下有期徒刑，并处偷逃应缴税额一倍以上五倍以下罚金。

（三）走私货物、物品偷逃应缴税额特别巨大或者有其他特别严重情节的，处十年以上有期徒刑或者无期徒刑，并处偷逃应缴税额一倍以上五倍以下罚金或者没收财产。

单位犯前款罪的，对单位判处罚金，并对其直接负责的主管人员和其他直接责任人员，处三年以下有期徒刑或者拘役；情节严重的，处三年以上十年以下有期徒刑；情节特别严重的，处十年以上有期徒刑。

对多次走私未经处理的，按照累计走私货物、物品的偷逃应缴税额处罚。

小张代购的大量货物均未报税，其偷逃应缴税额高达 220 万元，属于情节特别严重的走私犯罪。

最终，法院以走私普通货物、物品罪对其定罪处罚。

小张的境外走私之路就此终结，而他的人生路，也因为一时的"小聪明"而被毁。

法律小课堂

现在，随着网络购物的普及和人们生活水平的提高，海外代购成为一种普遍现象。但是，需要注意的是，境外代购不报税属于走私行为。

在我国，走私行为不仅包括携带、运输禁止或限制进出境的货物、物品，还包括偷逃应缴税额、逃避海关监管和其他逃避国家相关管理的行为。走私普通货物、物品罪是一种严重的刑事犯罪，《刑法》对走私行为有明确的刑罚规定。

偷逃应缴税额达到 10 万元以上的，涉嫌走私普通货物、物品罪，将会受到法律的严惩。因此，人们在进行境外代购活动时，一定要报税。

那么，境外购买商品入境达到多少元就需要缴税呢？一般而言，当在境外购买的物品达到 5000 元时，就需要到相关部门进行缴税。

39　什么是"对非国家工作人员行贿罪"？

陆某是 A 公司的销售主管，为了公司的销售订单，登门向 B 公司采购部门的经理吴某送礼。他没有直接送出现金，而是前后送出包括奢侈品牌包、玉石手镯、古树茶叶、名酒茅台等价值共 18 万元的实物礼物。

吴某为"回馈"陆某的礼物，在采购工作中，促使 A 公司和 B 公司签订购销合同。吴某收 A 公司大额礼物的事情被单位的同事发现后举报。随后，警方迅速将陆某和吴某逮捕归案。

《中华人民共和国刑法》第一百六十四条规定：

为谋取不正当利益，给予公司、企业或者其他单位的工作人员以财物，数额较大的，处三年以下有期徒刑或者拘役，并处罚金；数额巨大的，处三年以上十年以下有期徒刑，并处罚金。

为谋取不正当商业利益，给予外国公职人员或者国际公共组织官员以财物的，依照前款的规定处罚。

单位犯前两款罪的，对单位判处罚金，并对其直接负责的主管人员和其他直接责任人员，依照第一款的规定处罚。

行贿人在被追诉前主动交待行贿行为的，可以减轻处罚或者免除处罚。

陆某辩称，自己的"送礼"行为都是经过公司同意的，是公司行为，而非个人行为，且获利方是 A 公司，不是自己，因此自己并不构成犯罪。

法院审查全案证据后，认可了陆某的辩护意见，该行为属于公司行为，应当认定为公司犯罪。

但是，陆某是该公司犯罪项目中的主管人员，也应该认定为犯罪。

最终，法院以陆某对非国家工作人员行贿罪定罪处罚。陆某流下了悔恨的眼泪。

法律小课堂

"送礼"违法吗？

正常的礼尚往来是中华优良传统文化的重要组成部分，存在于我们生活的方方面面，在商业活动中也较为普遍。但是，我们一定要把握"送礼"的尺度，切勿逾越法律和道德的底线。

在商业活动中，如果某人或某公司为了获取某一个项目的不正当利益，而向项目负责人员赠送巨额财物，只要金额达到了一定的标准，就有可能构成对非国家工作人员行贿罪。

收受财物的人员也可能会以非国家工作人员受贿罪或贪污罪被追究刑事责任。

组织、领导传销活动罪

40 什么情况会被认定为
"组织、领导传销活动罪"？

　　汤某决定创业，开发了一款微信小程序用于售卖美容产品，并在推广加盟模式中规定，只有在小程序购买 800 元以上产品的人，才能成为自己公司产品的微商代理。

在公司品牌发展过程中，以分层级的形式进行裂变发展，并完善了不同层级的分红形式，下级销售业绩会将部分分红给上级。两年时间里，汤某将营销团队发展到 800 人，并疯狂敛财 130 万元。

后来，几位初级代理商认为汤某的团队经营模式有传销性质，要求退出并返还入场费用。在遭到汤某拒绝后，几位初级代理商联合到当地公安局报案。

> 《中华人民共和国刑法》第二百二十四条之一规定：组织、领导以推销商品、提供服务等经营活动为名，要求参加者以缴纳费用或者购买商品、服务等方式获得加入资格，并按照一定顺序组成层级，直接或者间接以发展人员的数量作为计酬或者返利依据，引诱、胁迫参加者继续发展他人参加，骗取财物，扰乱经济社会秩序的传销活动的，处五年以下有期徒刑或者拘役，并处罚金；情节严重的，处五年以上有期徒刑，并处罚金。

公安部门在调查后发现，汤某的团队看似是计酬性质的市场销售行为，但实际上需要购买一定数额后才能正式成为代理，这笔钱是变相的入门费用，且分层级裂变依然是通过拉人头的形式进行，业绩奖励机制中，上级利益也与下级代理的数量紧密捆绑，已经扰乱了正常的经济社会秩序。

当地检察院以汤某涉嫌组织、领导传销活动罪向法院起诉。法院认定汤某犯罪事实清楚，且从 800 人的传销人数上看，已经达到情节严重的地步，最后以组织、领导传销活动罪对汤某定罪处罚。

法律小课堂

（1）如何判断一家微商是否存在传销嫌疑？

微商作为移动互联网发展下常见的一种灵活就业模式，并不等同于违法传销，但由于其经营模式的特殊性，属于容易涉及传销的高危行业，其中鱼龙混杂。我们在准备入行时需要擦亮双眼，判断什么是合法的微商很重要。

一般来说，合规合法的微商没有入门费用，产品价格不存在虚高现象，产品流通性高，退换货有保障，没有涉及利益关系的多层级营销模式，而具有传销性质的微商则与此相反。

（2）参与传销活动一定会坐牢吗？

坐牢的前提是参与犯罪。就组织、领导传销活动罪而言，法律惩罚的主体是参与传销组织的策划者和多次介绍、诱骗、胁迫他人加入传销组织的积极参与者，而不是一般参加者。

就传销性质而言，分为拉人头式传销、入门费式传销和团队计酬式传销。其中，拉人头和入门费两种形式的诈骗性质传销如果符合法定标准的层级和人数，就是犯罪行为。

团队计酬式传销则不同，如果能够认定是以销售商品为目的，以销售业绩为计酬依据的单纯的"团队计酬"式传销活动，就不是犯罪活动，一般只能进行行政处罚。但如果有隐藏拉人头等脱离销售性质的形式，且符合犯罪的人数和层级认定，则依然会被认定为犯罪。

非法经营罪

41 放高利贷在什么情况下会被判定为"非法经营罪"?

邵某为了牟取暴利,成立了一家投资公司。

有一天,张三急需用钱,找到邵某借钱。邵某同意了,合同上写月息只有 2.5%,实际上每个月要收张三 20%的利息。张三急着用钱,没办法,只能接受邵某的不平等合约。邵某先是扣除了所有的月息,给张三的钱只剩下一半。

一个月后,张三按合同还了本息。邵某看着赚取了高额利息的差价,高兴得合不拢嘴。

见这个办法管用,邵某开始大干

"放贷生意"。他让"合伙人"蔡某去催债收款，帮借款人办理抵押手续。两人串通一气，通过 315 万元的贷款，短短数月获利就高达 162 万元！

尝到甜头的邵某将自己的"放贷生意"越做越大，收取高息，牟取暴利，这也使得投诉邵某的人越来越多。

终于，邵某东窗事发。检察院以邵某涉嫌非法经营罪向法院起诉。

《中华人民共和国刑法》第二百二十五条规定：违反国家规定，扰乱市场秩序，情节严重的，处五年以下有期徒刑或者拘役，并处或者单处违法所得一倍以上五倍以下罚金；情节特别严重的，处五年以上有期徒刑，并处违法所得一倍以上五倍以下罚金或者没收财产。

邵某等人未经许可从事非法金融活动，扰乱金融秩序，情节严重，构成非法经营罪。判处被告人邵某有期徒刑 3 年 6 个月，并处罚金 60 万元；被告人蔡某有期徒刑 2 年，缓刑 2 年，并处罚金 40 万元。

根据《最高人民法院关于审理民间借贷案件适用法律若干问题的规定（2020 年第二次修正）》第二十五条的规定，"出借人请求借款人按照合同约定利率支付利息的，人民法院应予支持，但是双方约定的利率超过合同成立时一年期贷款市场报价利率四倍的除外"。

中国人民银行授权全国银行间同业拆借中心公布，2024 年 10

月 21 日贷款市场报价利率（LPR）：1 年期 LPR 为 3.10%（前值是 3.35%），5 年期以上 LPR 为 3.60%（前值是 3.85%），均较此前下降 0.25 个百分点。

即从 2024 年 10 月 21 日起，民间借贷利率的司法保护上限为 12.4%。作为民间借贷的借款人来说，超出此利率的利息部分，可以拒还。

如果贷款人为催债收款，采取恐吓、跟踪、骚扰等非法手段进行强制讨债，情节严重的，就有可能会构成催收非法债务罪。因此，我们要远离非法放贷。

法律小课堂

（1）高利贷在什么情况下会被判定为非法经营罪？

①未经金融监管部门批准，擅自开展金融业务或超出批准业务范围进行金融活动，违反金融管理法律法规。

②经常向不特定多人发放高利贷，2 年内发放 10 次以上，金额达 200 万元以上，扰乱金融秩序。

③如果个人偶然向少数特定人发放利率超过民间借贷利率的司法保护上限的民间借贷，但不以获利为目的，则不构成非法经营罪。

（2）国家法律对高利贷的处理方式，通常有哪几种？

①如果仅涉及高利贷，超过法定利率的部分利息不受法律保护，借款人可以不支付超出利息。

②如果高利贷涉及诈骗、敲诈勒索、虚假诉讼等犯罪行为，可以向公安机关报案，追究相关犯罪责任，例如诈骗罪、敲诈勒索罪和虚假诉讼罪等。

（3）在贷款时，我们应该怎么做？

首先，我们在进行贷款前，应了解并熟悉金融知识，包括利率计算、合同条款和相关法律法规，避免在签署贷款合同时，被欺诈或者被不公平的贷款条件所蒙蔽。

其次，在选择借贷方时，我们要优先选择正规的金融机构或银行进行借贷，这些机构受到监管，并遵守法律法规。在与金融机构签署贷款协议之前，务必仔细阅读合同条款，确保理解并同意其中的条款和利率。

最后，不轻易相信过度宣传的高额回报和低利息的诱惑，也不要盲目借款，以免陷入无法偿还的债务困境。

42 "招摇撞骗罪"是怎样定义的?

　　无业人员小蒋在网上交友时，下载警察的照片，进行修图后替换成本人的头像，并购买了用于实施诈骗的个人信息，伪装成当地公安机关的警察。之后，他通过交友软件骗取女性信任，声称自己是单身警察，以恋爱的名义同时与多名女性交往并发生性关系。

后来，小蒋在网上认识了李小姐，企图继续以警察身份骗取对方好感。在交往过程中，李小姐对小蒋提供的细节产生了怀疑，进一步确认后向当地公安机关报案，称有人假冒警察与人交往。

> 《中华人民共和国刑法》第二百七十九条规定：冒充国家机关工作人员招摇撞骗的，处三年以下有期徒刑、拘役、管制或者剥夺政治权利；情节严重的，处三年以上十年以下有期徒刑。
>
> 冒充人民警察招摇撞骗的，依照前款的规定从重处罚。

公安机关在立案侦查后，对小蒋进行了逮捕。当地检察院以小蒋涉嫌招摇撞骗罪向法院起诉。

小蒋冒充人民警察，骗取女子的信任，并与她们发生性关系。根据《刑法》的相关规定，小蒋冒充国家工作人员进行骗色行为，符合招摇撞骗罪构成要件。

最终，法院以招摇撞骗罪对其定罪处罚。小蒋为自己的违法行为付出了惨痛代价。

法律小课堂

有人会认为，女子与小蒋发生性关系是基于自愿，所以不构成犯罪。但女子仅是自愿与"警察"发生性关系，而非这个骗子。所以，小蒋甚至构成强奸罪。

招摇撞骗罪，是诈骗罪的一种特殊形式。诈骗罪是一般的主体骗取他人财物，而招摇撞骗罪是指冒充国家机关工作人员或者人民警察骗取任何东西，包括骗财、骗色、骗吃、骗喝。

高科技网络时代，有些人很容易被骗。但受害者往往会觉得自己贪图对方的身份被骗，本身也是一种不良行为，而不敢报警维权，这就助长了这种行为的滋长。

所以，受害者要勇于站出来维权，才能更好地遏制这种违法犯罪行为。

非法出售、提供试题、答案罪

43　在哪些考试项目中作弊会构成犯罪？

大学生小杨报名参加某地的艺术创意设计师中级职称考试。虽然一直对设计领域充满热情，但考试的压力让他心怀担忧。在听说有一家培训机构专门针对评职称的考试进行培训，且声称有"秘诀"可以帮助学员轻松通过考试后，小杨决定试试。

他找到了这家培训机构并支付了一定的费用参加培训。在培训期间，机构私下告诉他考试前一天会给他一份设计师中级考试的答案，只要照着答案回答，通过率几乎是100%。

考试前一晚，培训机构果然给了他一份"考题答案"，小杨不但仔细地过了一遍，还将比较复杂的考题答案打印成小纸条，藏在衣服里面，准备考试时用。

第二天，小杨进入考场后，他发现考题果真如机构所给的一样。于是，他悄悄拿出藏在衣服里面的答案进行作答。但是，这一幕被监考老师发现了。监考老师手疾眼快，将正在作弊的小杨抓住。随后，小杨被相关人员带走。

《中华人民共和国刑法》第二百八十四条之一规定：在法律规定的国家考试中，组织作弊的，处三年以下有期徒刑或者拘役，并处或者单处罚金；情节严重的，处三年以上七年以下有期徒刑，并处罚金。

为他人实施前款犯罪提供作弊器材或者其他帮助的，依照前款的规定处罚。

为实施考试作弊行为，向他人非法出售或者提供第一款规定的考试的试题、答案的，依照第一款的规定处罚。

代替他人或者让他人代替自己参加第一款规定的考试的，处拘役或者管制，并处或者单处罚金。

由于小杨使用了非法途径获得答案，他的考试成绩将被取消，同时还会受到相应的处罚。此外，公安机关顺藤摸瓜找到了提供答案的涉事机构，该机构涉嫌非法出售、提供试题、答案罪，被公安机关调查。

检察院随后以培训机构相关负责人涉嫌非法出售、提供试题答案罪向法院起诉。

在庭审中，检察院首先提出了对培训机构相关负责人的起诉，详细描述了其涉嫌的非法出售、提供试题、答案的犯罪事实。检方指出，根据《刑法》的相关规定，非法出售、提供国家统一考试的试题、答案，破坏国家统一考试的正常进行，严重损害了考试的公正性和公信力，已达到犯罪的程度。因此，该培训机构相关负责人需要依法承担刑事责任。

法院经过审理，采纳了检察院的意见，认定该培训机构相关负责人构成非法出售、提供试题、答案罪，需追究刑事责任。

事后，小杨承认了自己的错误，并对此深感懊悔。

法律小课堂

当今社会，有很多企图通过"购买"考试答案来获得好成绩或证书的行为。但是，这种行为一旦被发现，不论是对于售卖答案的一方，还是购买答案的一方，都是犯罪行为，会受到法律的制裁。

虽然《刑法》没有明确规定作弊入罪的国家考试项目，但国家对考试作弊行为一直持零容忍的态度，一旦发现"代考""替考"等行为，都将构成犯罪。一般来说，中央或地方主管部门组织的重大考试，包括以下三类考试，都属于代替考试罪的考试项目：

（1）重大的国家教育考试，如普通高校招生的各类型考试、研究生招生考试、高等教育自学考试等。

（2）国家统一的职业技术资格考试，如法律职业资格考试、教师资格考试、医师资格考试、注册会计师考试等。

（3）国家机关公职人员招录考试，包括中央和地方的公务员考试。

除了国家级考试，我们在生活中还会面对很多不同等级或类型的考试，希望大家无论面对怎样的考试，都能够诚实面对，不要作弊。

帮助信息网络犯罪活动罪

44 什么是"帮助信息网络犯罪活动罪"？

小鹏是某校的在校大学生。他在网络社交平台上添加了一位自称是甘先生的人，对方称只要借出银行账户就能赚钱。

小鹏隐约感觉到自己的银行卡可能会被用于从事犯罪活动，但由于求财心切和侥幸心理作祟，他依然将两张银行卡按对方提供的地址寄出，并进行了刷脸验证，最终小鹏共得到对方支付的租借费用4000元。

某天，公安机关破获了一起诈骗案件，在追查诈骗资金流向过程中发现，该诈骗团

伙使用小鹏的两张银行卡支付结算涉及诈骗的金额共计 120 万元。

> 《中华人民共和国刑法》第二百八十七条之二规定：明知他人利用信息网络实施犯罪，为其犯罪提供互联网接入、服务器托管、网络存储、通讯传输等技术支持，或者提供广告推广、支付结算等帮助，情节严重的，处三年以下有期徒刑或者拘役，并处或者单处罚金。
>
> 单位犯前款罪的，对单位判处罚金，并对其直接负责的主管人员和其他直接责任人员，依照第一款的规定处罚。
>
> 有前两款行为，同时构成其他犯罪的，依照处罚较重的规定定罪处罚。

在公安机关电话通知后，小鹏主动投案。检察院以小鹏涉嫌帮助信息网络犯罪活动罪向法院起诉。

小鹏虽然不知道其银行卡会被用于什么具体的犯罪活动，但他其实隐约认识到，对方可能拿他的银行卡实施犯罪活动。其行为符合帮助信息网络犯罪活动罪构成要件。

最终，法庭以帮助信息网络犯罪活动罪对其定罪处罚。

法律小课堂

帮助信息网络犯罪活动罪已成为我国排名第三的罪名，仅次于危险驾驶罪和盗窃罪。涉案主体常常是大学生和一些基层百姓，这值得人们重视。那么，生活中哪些常见的行为可能构成帮助信息网络犯罪活动罪呢？

在银行卡实名制的前提下，公民不得将自己的银行卡借给他人进行转账或者直接出卖给他人使用。即便是自己的家人，也属于违法行为，这可能构成帮助信息网络犯罪活动罪。

如果把自己的银行卡借给陌生人转账、收验证码，这时我们应该意识到对方很可能利用自己的银行卡进行违法犯罪活动。此时，我们应该立即制止对方的行为，否则，有可能在无意中使自己陷入犯罪的境地。

高空抛物罪

45 《刑法》中的"高空抛物罪"是怎样规定的?

　　周末的深夜,小明刚刚结束了一天繁重的家务,身心俱疲。他望着客厅一角的大袋垃圾,有些发愁。因为已经是深夜,楼下的垃圾站关门了,他也不想再下楼去扔。于是,他趁着深夜,悄悄地把垃圾扔向窗外。

　　听到窗外"砰"的一声,他心中隐约觉得不妥,但最终还是选择忽略。他想,毕竟现在是深夜,没人会知道。

　　第二天清晨,赵先生出门时,看到自己爱车的挡风玻璃被一袋垃圾砸坏了,气得几乎晕了过去。他急忙调来了小区的监控录像,发现是小明扔的垃圾,于是赶忙报了警。接着,小明被抓,并被检察院以涉嫌高空抛物罪向法院起诉。

《中华人民共和国刑法》第二百九十一条之二规定：从建筑物或者其他高空抛掷物品，情节严重的，处一年以下有期徒刑、拘役或者管制，并处或者单处罚金。

有前款行为，同时构成其他犯罪的，依照处罚较重的规定定罪处罚。

小明从建筑物的高空抛掷垃圾，造成了赵先生爱车挡风玻璃被损坏，小明的行为是极不负责任和危险的。小明辩解道，自己是无意中造成的损害，没有故意破坏他人财物的意图，并且自己愿意负责赔偿赵先生的损失。

最终，法院仍然以高空抛物罪对小明定罪处罚。

法律小课堂

高空抛物曾是一个公众关注的热门话题。在很多高层建筑，特别是高层住宅小区内，这种行为时常发生。

其实，针对高空抛物行为的处罚，在我国民法和刑法中都有相关的立法规定。

在民法方面，根据《民法典》第一千二百五十四条的规定，禁止从建筑物中抛掷物品。从建筑物中抛掷物品或者从建筑物上坠落的物品造成他人损害的，由侵权人依法承担侵权责任；经调查难以确定具体侵权人的，除能够证明自己不是侵权人外，由可能加害的建筑物使用人给予补偿。可能加害的建筑物使用人在补偿后，有权向侵权人追偿。

在刑法方面，高空抛物行为可能构成犯罪，根据《刑法》第二百九十一条之二的规定，从建筑物或者其他高空抛掷物品，情节严重的，处一年以下有期徒刑、拘役或者管制，并处或者单处罚金。此外，高空抛物行为还可能涉嫌触犯危害公共安全罪、故意伤害罪、过失致人死亡罪等，特定情形下将从重处罚。

高空抛物不仅违反了社会公德和法律法规，还可能对他人的人身安全和财产安全造成严重威胁。因此，社会各界应共同努力，通过加强法律宣传和教育，提高公众的法律意识和道德观念，从源头上杜绝高空抛物行为的发生。

催收非法债务罪

46 赖在他人家中催收债务，会构成犯罪吗？

在小刚创业初期，由于资金紧张，他向朋友大壮借了 20 万元，并在欠条上作出年利率 45% 的承诺。可是，小刚的生意一直未见起色，也未能支付利息和欠款给大壮，两人之间的关系也因此渐渐恶化。

大壮最近决定买房，需要一大笔钱。情急之下，他不惜使用极端手段向小刚讨债。

他先对小刚进行了一系列的恐吓、跟踪和骚扰，频繁打电话、发威胁信息，甚至在小刚工作和居住的地方张贴侮辱性的海报，使小刚陷入巨大的精神压力中。小刚屡次要求和劝告都未能阻止大壮的过激行为。

后来，大壮更是直接跑到小刚家中住了下来，甚至吃喝都在他家，不断干扰小刚的正常生活。在小刚的强烈反抗和家人的恳求下，大壮依然不肯离去。

小刚终于忍无可忍，选择了报警。大壮被公安机关抓捕，并被检察院以涉嫌催收非法债务罪向法院起诉。

《中华人民共和国刑法》第二百九十三条之一规定：有下列情形之一，催收高利放贷等产生的非法债务，情节严重的，处三年以下有期徒刑、拘役或者管制，并处或者单处罚金：

（一）使用暴力、胁迫方法的；

（二）限制他人人身自由或者侵入他人住宅的；

（三）恐吓、跟踪、骚扰他人的。

大壮在催收高利贷债务过程中使用了恐吓、跟踪、骚扰以及侵入他人住宅等手段，情节严重。考虑到大壮逐渐意识到自己的过错，对自己的行为表示悔悟。最终，法院以催收非法债务罪对他定罪并且从轻处罚。

法律小课堂

欠债不还固然可恶，但是非法债务是不受法律保护的。所谓"非法债务"，主要是指赌债、各种高利贷等。

如果采用一些非法手段催收，很可能就会构成非法拘禁罪或者催收非法债务罪。

债务催收，可以聘请律师发律师函催收，或者直接向法院起诉，切勿采用非法手段进行催收。

开设赌场罪或赌博罪

47 什么样的行为会构成 "开设赌场罪" 或 "赌博罪"?

小邓是一名网络工程师。他利用自己的技术,制作了一个名为 "幸运大转盘" 的小程序游戏。玩家在玩这个游戏时,通过点击转盘,有可能获取到 0~50 元不等的现金。前三局是免费的,但随后就需要花钱购买次数。

两年来,小邓不断在网络上招揽他人来玩 "幸运大转盘" 小程序游戏。他利用这个小程序游戏,获利超过 10 万元,收到的钱超过 50 万元,参与游戏的人数超过 1000 人。

当地公安部门在 "整顿网络行动" 时发现了小邓的违法犯罪行为,将他逮捕归案。随后,检察院以小邓的行为涉嫌构成开设赌场罪向法院起诉。

　　《中华人民共和国刑法》第三百零三条规定：以营利为目的，聚众赌博或者以赌博为业的，处三年以下有期徒刑、拘役或者管制，并处罚金。

　　开设赌场的，处五年以下有期徒刑、拘役或者管制，并处罚金；情节严重的，处五年以上十年以下有期徒刑，并处罚金。

　　组织中华人民共和国公民参与国（境）外赌博，数额巨大或者有其他严重情节的，依照前款的规定处罚。

　　小邓利用"幸运大转盘"小程序游戏，组织他人参与赌博，接受他人投注，两年间获利 10 万元，参与人数众多。该行为符合开设赌场罪的构成要件。最终，法院以开设赌场罪对小邓定罪处罚。

法律小课堂

　　随着科技的发展，组织他人进行赌博的行为已经没有了空间上的限制，通过网站、小程序等都能实现这类违法行为。网络聚众赌博，一旦达到一定数量的赌资，或者常年在违法平台上进行赌博，就会构成赌博罪。

在实践中，不论是在网络上还是线下，行为人组织 3 人以上赌博，如果满足抽头数额累计 5000 元以上，或赌资数额累计 5 万元以上，或参赌人数累计达 20 人以上，就满足"聚众赌博"这一行为的构成条件，需要追究刑事责任。

很多人不参与赌博，但会把网络赌博的链接转发到微信群、QQ 群等公共群聊中，转发的人有可能得到相应的佣金，一旦达到一定的条件，将构成"开设赌场罪"。

窝藏罪

48 帮助犯罪的朋友藏匿，会被怎样判罚？

小王因为一件琐事和一位邻居大爷发生了肢体冲突。在冲突过程中，他给了大爷一拳，没想到打倒了大爷。他急忙拨打120叫来急救车。

但是，经过急救，这位大爷还是抢救无效身亡。

案发后，小王打电话向朋友小陈说明情况。小陈不仅没劝小王自首，还向小王转了3000元用于逃亡，并将自己另外一城市的房产提供给小王躲避居住。

两个月后，小王被公安机关抓获，小陈也被传唤至公安机关接受调查。检察院认为小王故意伤害他人身体致人死亡，犯罪事实清楚，证据确实充分，以故意伤害罪对小王提起公诉。同时，小陈也被公安机关控制。随后，检察院以小陈涉嫌窝藏罪向法院起诉。

《中华人民共和国刑法》第三百一十条规定：明知是犯罪的人而为其提供隐藏处所、财物，帮助其逃匿或者作假证明包庇的，处三年以下有期徒刑、拘役或者管制；情节严重的，处三年以上十年以下有期徒刑。

犯前款罪，事前通谋的，以共同犯罪论处。

小陈明知小王的犯罪行为，还为对方提供潜逃钱财和藏匿住所，帮助其逃避法律的制裁。根据《刑法》的相关规定，小陈的行为符合窝藏罪的构成要件。

最终，法院以窝藏罪对小陈定罪处罚。

法律小课堂

面对亲友触犯法律后的求助，我们应当怎么做？

面对亲友触犯法律后的求助，很多人会陷入"帮还是不帮"的窘境。

我们应该明白，乐于助人本为善事，但不计后果、是非不分的帮助则是"损人不利己"的举动。天网恢恢，疏而不漏。罔顾法律包庇或窝藏罪犯不仅对犯罪分子毫无帮助，还会让自己也身陷囹圄，切记不能为了情谊包庇犯罪行为，否则将极有可能构成窝藏罪。

　　真正的帮助并不是把朋友藏起来。那么，怎么做才能够真正帮助到已经触犯法律的朋友呢？

　　首先，真正行之有效的帮助是应当劝朋友向公安机关主动说明情况，这样才能在审判中争取宽大处理的机会。

　　其次，可以为朋友聘请一个专业的刑辩律师，帮助他们争取到更多的合法权利，保障他们受到公正的处罚。

掩饰、隐瞒犯罪所得、犯罪所得收益罪

49 明知是赃款,还帮助朋友转账,会构成什么罪?

张三和李四是好朋友。李四在一家大型公司里做采购工作。有一天,李四找到张三,神秘地询问他:"能不能用你的银行账户,帮我收一笔回扣。"

张三有些疑惑,询问这笔钱的来源。一番盘问后得知,原来这笔钱是一次交易中对方公司给李四的回扣款。

虽然张三知道回扣款是违法的,但是作为好朋友,张三答应了李四。于是,李四用张三的银行账户转移了这笔赃款,并采取一系列措施掩饰、隐瞒了这笔非法所得的来源。不久之后,李四的行为被人举报。

案发后,李四被法院定罪处罚。

同时,张三也被抓捕归案,后被检察院以涉嫌掩饰、隐瞒犯罪所得、犯罪所得收益罪向法院起诉。

《中华人民共和国刑法》第三百一十二条规定：明知是犯罪所得及其产生的收益而予以窝藏、转移、收购、代为销售或者以其他方法掩饰、隐瞒的，处三年以下有期徒刑、拘役或者管制，并处或者单处罚金；情节严重的，处三年以上七年以下有期徒刑，并处罚金。

张三明知这笔钱是李四违法所得，但依旧用自己银行账号为李四转移这笔赃款。根据《刑法》的相关规定，其行为符合掩饰、隐瞒犯罪所得、犯罪所得收益罪的构成要件。最终，法院以掩饰、隐瞒犯罪所得、犯罪所得收益罪对他定罪处罚。

法律小课堂

明知是赃款，还帮助朋友转账，会构成什么罪？

在生活中，我们可能会用银行卡帮助朋友转账。但是，在帮助他人转账时，我们的银行卡极有可能被利用成为实施犯罪行为的工具。

如果我们明知道这笔钱款是违法所得的赃款，那么帮助别人转账的行为将涉嫌构成掩饰、隐瞒犯罪所得、犯罪所得收益罪。如果我们并不清楚对方要拿我们的银行卡去做什么事情，但对方的确是用于犯罪活动的，那我们的行为则有可能构成帮助信息网络犯罪活动罪。

还有一种情况，如果我们明知对方要拿我们的银行卡去转移赃款，并且我们还知道这笔赃款是贪污受贿所得，那么帮助对方转移赃款的行为不仅会构成掩饰、隐瞒犯罪所得、犯罪所得收益罪，还有可能构成洗钱罪。

拒不执行判决、裁定罪

50 拒不还钱的"老赖"构成什么罪?

贾某以个人名义向甄小姐借了 500 万元作为公司运营资金，但因为公司经营不善，导致无力偿还借款。

甄小姐起诉至法院，并申请强制执行。贾某仍然无力偿还，随后被法院列入失信被执行人，也就是"老赖"。但是，据朋友告知，贾某仍然住豪宅，开豪车。甄小姐委托律师调查发现，虽然车子与房子都登记在他人名下，但结合贾某近十年的银行流水，以及车主和房主的证言，可以证明这些资产都是贾某所有。

甄小姐报案，将这些证据提交给公安机关之后，贾某被抓捕。随后，检察院以贾某涉嫌拒不执行判决、裁定罪向法院起诉。

《中华人民共和国刑法》第三百一十三条规定：对人民法院的判决、裁定有能力执行而拒不执行，情节严重的，处三年以下有期徒刑、拘役或者罚金；情节特别严重的，处三年以上七年以下有期徒刑，并处罚金。

单位犯前款罪的，对单位判处罚金，并对直接负责的主管人员和其他直接责任人员，依照前款的规定处罚。

贾某负有执行生效判决的义务，但是其隐藏、转移财产，导致判决无法执行，致使甄小姐损失严重。该行为符合拒不执行判决、裁定罪的构成要件。

最终，法院以拒不执行判决、裁定罪对贾某定罪处罚。

法律小课堂

（1）"老赖"不一定构成犯罪，只有有能力执行而不执行判决、裁定，才会构成犯罪；

（2）有能力执行而不执行，主要表现在隐藏、转移、故意毁损或者无偿转让财产、以明显不合理的代价转让财产。

大数据时代，财产很容易被查出来。试图通过隐藏、转移财产而拒不执行判决、裁定，很快便会被查出来。因此，我们一定要遵守法律，做守法公民。

偷越国（边）境罪

51 用伪造的港澳通行证去香港，会构成什么罪？

　　小辉在深圳一家外贸公司上班，需要经常到香港出差，平时需要花时间办理港澳通行证。他觉得这样做很麻烦，想办理一个可以多次出入海关的商务签注。但是，办理商务签注的门槛比较高，自己的条件达不到。

　　于是，小辉找到一家黑中介证件公司。这家黑中介证件公司让他提供一些虚假的材料，"帮"他用虚假的材料办理了一个具有商务签注性质的港澳通行证，用于在香港和深圳之间往来。

　　拿到证件的小辉得意扬扬，并且利用这张港澳通行证多次出境，前往香港。

　　不久之后，办理虚假证件的黑中介证件公司被公安机关查封。公安机关顺藤摸瓜，把小辉也抓获了。之后，检察院以小辉涉嫌偷越国（边）境罪向法院起诉。

《中华人民共和国刑法》第三百二十二条规定：违反国（边）境管理法规，偷越国（边）境，情节严重的，处一年以下有期徒刑、拘役或者管制，并处罚金；为参加恐怖活动组织、接受恐怖活动培训或者实施恐怖活动，偷越国（边）境的，处一年以上三年以下有期徒刑，并处罚金。

黑中介证件公司利用小辉提供的虚假资料，为其办理具有商务签注性质的港澳通行证，尽管证件本身没有问题，但办证时采用的资料是假的，因此，他拿到的证件本身就是非法的。

根据《刑法》的相关规定，小辉利用非法证件多次出入海关，穿越边境，其行为符合偷越国（边）境罪的构成要件。最终，法院以偷越国（边）境罪对其定罪处罚。

法律小课堂

　　市面上有很多中介，可以通过虚假材料帮助他人办理港澳通行证的商务签注。办出来的证件是出入境部门颁发的，但这属于以欺骗方式获得，自始无效，应该被注销。所以，出入边境的行为是偷越边境的行为，应当受到刑事处罚。

　　从深圳前往香港，有什么具体规定吗？

　　我国内地公民从深圳前往香港，都需要办理港澳通行证。

　　如果想在短期内多次往返深圳和香港，可以办理正规的具有商务签注性质的港澳通行证。但是，办理商务签注性质的港澳通行证对企业的资质是有限制的。

　　不论是办理哪种类型的港澳通行证，要记住一点：一定要到正规的部门、机构进行办理，不可去黑中介证件公司办理虚假的证件，也不能利用虚假的材料办理证件。否则，将受到法律的严惩。

非法行医罪

52 药店的人帮助患者治病，会构成犯罪吗？

小刘大学毕业后，在家乡开了一家药店。许多患者在他的药店买药，都能够取得很好的疗效。久而久之，当地居民纷纷跑去小刘的药店咨询疾病。

渐渐地，小刘在自己的药店给患者提供问诊服务，还专门为患者提供"打吊针"等医疗服务。

有一次，一位患者找到他，希望小刘能够给他看看多年的"顽疾"。小刘对他进行问诊后，给他开了几瓶药，并随即在后面的"医疗室"打起了吊针。但是，这位患者输液的过程中，不但没有缓解不适感，反而当场引发了严重的不良反应。患者随即被送医急救，住院三个月，留下了严重的后遗症。

患者的家属怒不可遏，报警了。警方立案后，迅速将小刘抓获。接着，检察院以小刘涉嫌非法行医罪向法院起诉。

《中华人民共和国刑法》第三百三十六条规定：未取得医生执业资格的人非法行医,情节严重的,处三年以下有期徒刑、拘役或者管制,并处或者单处罚金；严重损害就诊人身体健康的,处三年以上十年以下有期徒刑,并处罚金；造成就诊人死亡的,处十年以上有期徒刑,并处罚金。

小刘在未取得医生执业资格的情况下，擅自给患者问诊看病、开药，引发患者严重的不良反应并留下了严重的后遗症，严重损害就诊人的身体健康。根据《刑法》的相关规定，小刘的行为符合非法行医罪的构成要件。

最终，法院以非法行医罪对其定罪处罚。小刘感到很后悔，他这样做的目的虽然是出于善意帮助患者，但他并不知道这样的行为违反了法律。他决定好好改造，好好学习法律常识，避免以后再次发生违法行为。

法律小课堂

　　早期开药店的人，或者曾经在农村做过"赤脚医生"的人，可能对如何看病有一定的经验。但是，现在，如果他们没有执业医师证书的话，不管患者病情如何，只要有行医这一行为，都将以非法行医罪论处，并将追究相应的刑事责任。

传播淫秽物品罪

53　转发淫秽视频至交友群，会构成什么罪？

　　小宇是一名大二学生，平时沉默寡言，背地里却喜欢观看和收集淫秽视频。为了满足自己的这种不良嗜好，他将几百条个人"珍藏"的淫秽视频上传到网上，并在多个 500 人的交友群分享了这些视频的链接，引诱他人进行观看和评论。

　　仅仅两天的时间，他上传的视频点击量就超过了 10 万次，播放量超过 2 万次。小宇十分得意。

　　几天后，小宇的行为遭人举报，警方根据他的 IP 地址，将他抓捕归案。由于小宇的行为影响恶劣，检察院以其涉嫌传播淫秽物品罪向法院起诉。

> 《中华人民共和国刑法》第三百六十四条规定：传播淫秽的书刊、影片、音像、图片或者其他淫秽物品，情节严重的，处二年以下有期徒刑、拘役或者管制。
>
> 组织播放淫秽的电影、录像等音像制品的，处三年以下有期徒刑、拘役或者管制，并处罚金；情节严重的，处三年以上十年以下有期徒刑，并处罚金。
>
> 制作、复制淫秽的电影、录像等音像制品组织播放的，依照第二款的规定从重处罚。
>
> 向不满十八周岁的未成年人传播淫秽物品的，从重处罚。

在庭审过程中，小宇辩解道，他并没有通过这些淫秽视频获利，怎么可能构成犯罪呢？

小宇将淫秽视频上传到网上，并将其链接转发到公共群聊中。尽管他没有因此获利，但他的行为实际上已经属于在公众场合传播淫秽影片。并且，小宇传播的淫秽视频数量大，观看人数多，影响恶劣。其行为符合传播淫秽物品罪的构成要件。

最终，法院以传播淫秽物品罪对其定罪处罚。小宇最终低头认错，流下了悔恨的眼泪。

法律小课堂

国家全面禁止淫秽色情内容的传播，不能把淫秽物品给别人看，发送链接也不行。如果发送淫秽色情的内容达到一定的标准，将有可能构成传播淫秽物品罪。

那么，传播淫秽物品罪的立案标准是什么呢？

根据《关于公安机关管辖的刑事案件立案追诉标准的规定（一）》第八十四条：传播淫秽的书刊、影片、音像、图片或者其他淫秽物品，涉嫌下列情形之一的，应予立案追诉：

（一）向他人传播三百至六百人次以上的；

（二）造成恶劣社会影响的。

不以牟利为目的，利用互联网、移动通信终端传播淫秽电子信息，涉嫌下列情形之一的，应予立案追诉：

（一）数量达到本规定第八十二条第二款第（一）项至第（五）项规定标准二倍以上的；

（二）数量分别达到本规定第八十二条第二款第（一）项至第（五）项两项以上标准的；

（三）造成严重后果的。

利用聊天室、论坛、即时通信软件、电子邮件等方式，实施本条第二款规定行为的，应予立案追诉。

下篇 | **刑事诉讼篇**

在刑事诉讼的过程中，公民应该如何运用法律武器，规范自己的行为，保障自身的正当权利，维护自身的合法利益呢？

54 当公安人员来敲门的时候，你该怎么办？

周末，小丽独自一人在家。上午十点左右，有人敲响了小丽的家门。透过猫眼，小丽看到门口是两位穿着制服的警察。小丽很害怕，她打电话给自己的律师，问他应该怎么办。律师告诉小丽，先让门外的两人出示一下工作证。

小丽遵循律师的建议，她谨慎地要求他们出示工作证。其中一位警察主动出示了证件，并向她说明了他们来自附近的公安局，正在调查一起与小丽所住小区有关的案件。

小丽仔细核对了证件，确认了对

能否出示一下工作证？

方的名字、警号以及公安局的信息。确认无误后，她打开了门，并再次询问他们的意图。

《中华人民共和国刑事诉讼法》第一百三十八条规定：进行搜查，必须向被搜查人出示搜查证。

在执行逮捕、拘留的时候，遇有紧急情况，不另用搜查证也可以进行搜查。

《中华人民共和国刑事诉讼法》第一百三十九条规定：在搜查的时候，应当有被搜查人或者他的家属、邻居或者其他见证人在场。

搜查妇女的身体，应当由女工作人员进行。

两名警察告诉小丽，需要她协助确认这起案件中犯罪嫌疑人的部分信息。当他们提出要求进门时，小丽再次记起律师的话，要求他们出示搜查证。警察解释说，他们并不需要搜查，只是需要她作为证人，配合查看一些照片并提供证言。

小丽告诉警察，她在自己家中接受询问并做笔录即可。

在整个过程中，小丽坚持维护自己的合法权益，并严格按照法律程序行事。两名警察也表示理解和尊重，主动出示相关证件和信息，文明执法，并一同完成了有关证人笔录的工作。

最终，小丽配合两位警察的公务，在力所能及的范围内提供了必要的协助，为这起案件的侦破提供了有效线索。

法律小课堂

遇到公安人员来敲门的时候，你该怎么办？

（1）碰到自称公安人员的人敲门，一定要让他出示工作证，看清楚他的名字、警号，以及是哪个公安局的，确认对方的身份之后再开门。如果对方态度恶劣，拒不出示工作证，有可能是假公安人员，可以拨打110处理。

（2）如果对方要你以犯罪嫌疑人的身份去公安局配合调查，需要对方出示传唤证。

（3）如果对方要求进门，需要对方出示搜查证、拘留证或者逮捕证。

（4）如果对方要求你以证人的身份配合调查，在确认对方身份无误后，你可以选择做笔录的场所，不一定要去公安局。

犯罪嫌疑人的权利

55 被传唤到公安局后，犯罪嫌疑人还有什么权利？

　　某小区发生了一起刑事案件。经走访调查，公安局初步锁定犯罪嫌疑人为该小区的小张。随后，小张被公安人员传唤至公安局。

　　小张非常害怕。在公安局中，小张一直坚持，除非找来自己的辩护律师，否则不会配合询问。

　　而公安人员则认为小张作为犯罪嫌疑人，有如实回答公安人员问题的义务。

　　但小张坚持说，要见到律师后，再回答公安人员的问题。

> 　　《中华人民共和国刑事诉讼法》第三十四条规定：犯罪嫌疑人自被侦查机关第一次讯问或者采取强制措施之日起，有权委托辩护人；在侦查期间，只能委托律师作为辩护人。被告人有权随时委托辩护人。
>
> 　　《中华人民共和国刑事诉讼法》第一百二十条规定：侦查人员在讯问犯罪嫌疑人的时候，应当首先讯问犯罪嫌疑人是否有犯罪行为，让他陈述有罪的情节或者无罪的辩解，然后向他提出问题。犯罪嫌疑人对侦查人员的提问，应当如实回答。但是对与本案无关的问题，有拒绝回答的权利。

　　公安人员在阐明相关法律规定后，小张还是同意了配合询问。同时，公安人员也按照相关程序为小张联系了律师。

法律小课堂

　　被抓到公安局后，犯罪嫌疑人还有什么权利？

　　（1）当犯罪嫌疑人被抓到公安局，有权要求办案人员为其指派法律援助律师。同时，犯罪嫌疑人也可以联系自己信任的律师。

　　（2）犯罪嫌疑人有权要求办案人员说明将其带到公安局的原因，即因为什么案件将其带到公安局。

（3）犯罪嫌疑人有配合办案人员调查案件的义务，但是也有权选择先见律师还是先配合调查。

（4）如果公安局的办案人员对犯罪嫌疑人存在打骂，或者有其他刑讯逼供的行为，犯罪嫌疑人可以申请相关办案人员回避。

沉默权

56　犯罪嫌疑人有沉默权吗?

　　小徐因卷入一宗凶杀案,被公安局逮捕了。在公安局的审讯室中,公安人员开始了对小徐的讯问。但无论公安人员如何讯问,小徐一直沉默不语,不予回答。

　　当他终于开口说话时,却说:"我有权保持沉默。"

　　但是公安人员告诉他:"与案件无关的问题,你可以不作答。"

　　二十四小时过去后,小徐被羁押到了看守所。在看守所中,小徐同公安人员说:"我想见见我的律师。"

　　随后,小徐的辩护律师来到了看守所。小徐将自己在公安局审讯时的情况向辩护律师进行了说明。

　　小徐对辩护律师说:"我一直保持沉默,并且当时希望公安人员问话的时候,你就在我旁边。"

　　辩护律师听后,耐心地解释道:"在我国香港特别行政区,犯罪嫌疑人可以在审讯时保持沉默。但是，在我国内地，法律没有规定犯罪嫌疑人有沉默权。因此，如果公安人员问你话时，你还是要如实作答的。"

小徐接着说道："那我回答的时候，你能不能在我旁边？"

辩护律师说："审讯时，律师是不允许在犯罪嫌疑人身边的。"

小徐点了点头。

和律师交流之后，小徐根据律师的建议，如实向公安人员供述了与案件有关的问题，使得案件的侦查顺利进行。

《中华人民共和国刑事诉讼法》第三十四条规定：犯罪嫌疑人自被侦查机关第一次讯问或者采取强制措施之日起，有权委托辩护人；在侦查期间，只能委托律师作为辩护人。被告人有权随时委托辩护人。

侦查机关在第一次讯问犯罪嫌疑人或者对犯罪嫌疑人采取强制措施的时候，应当告知犯罪嫌疑人有权委托辩护人。人民检察院自收到移送审查起诉的案件材料之日起三日以内，应当告知犯罪嫌疑人有权委托辩护人。人民法院自受理案件之日起三日以内，应当告知被告人有权委托辩护人。犯罪嫌疑人、被告人在押期间要求委托辩护人的，人民法院、人民检察院和公安机关应当及时转达其要求。

犯罪嫌疑人、被告人在押的，也可以由其监护人、近亲属代为委托辩护人。

辩护人接受犯罪嫌疑人、被告人委托后，应当及时告知办理案件的机关。

《中华人民共和国刑事诉讼法》第一百二十条规定：侦查

人员在讯问犯罪嫌疑人的时候，应当首先讯问犯罪嫌疑人是否有犯罪行为，让他陈述有罪的情节或者无罪的辩解，然后向他提出问题。犯罪嫌疑人对侦查人员的提问，应当如实回答。但是对与本案无关的问题，有拒绝回答的权利。

侦查人员在讯问犯罪嫌疑人的时候，应当告知犯罪嫌疑人享有的诉讼权利，如实供述自己罪行可以从宽处理和认罪认罚的法律规定。

法律小课堂

犯罪嫌疑人有沉默权吗？

在会见律师前，当事人保持沉默，一般是为了防止所做笔录对自己不利。但实际上，在我国内地，犯罪嫌疑人是否享有沉默权并没有明确的法律规定，并且法律还要求当事人必须如实供述。同时，法律也规定，当事人有权委托律师，即使当事人选择先见律师后再如实供述，也是如实供述。

57 笔录内容和自己说的有偏差，应该怎么办？

一天，汪先生驾驶一辆小汽车在道路上行驶时，发生了一起交通事故。交警迅速赶到现场，并对现场进行了勘查和检查。

根据《刑事诉讼法》的相关规定，勘验、检查的情况应当写成笔录，由参加勘验、检查的人和见证人签名或者盖章。于是，交警将汪先生带到公安局进行笔录。

> 《中华人民共和国刑事诉讼法》第五十条规定：证据包括勘验、检查、辨认、侦查实验等笔录。
>
> 《中华人民共和国刑事诉讼法》第一百三十三条规定：勘验、检查的情况应当写成笔录，由参加勘验、检查的人和见证人签名或者盖章。

在公安局，汪先生被问到一些问题。他最初回答得含糊不清，公安人员立刻纠正他，告诉他："是就是，不是就不是，需要明确措辞，不要含糊其词。"

汪先生听到提醒，立即调整了措辞。

笔录进行到一半时，汪先生发现公安人员记的笔录内容存在歧义。他立刻向公安人员说明，强调要求笔录必须按照他说的正确意思进行修改。

公安人员按照法律规定和汪先生的要求，立即对笔录进行了修改。

三个小时过后，笔录终于完成了。签字前，汪先生逐字逐句地核实了内容，确保一切准确无误，然后才签了字，等待调查结果和公安人员下一步的行动。

法律小课堂

在做笔录时，我们应该注意哪些问题？

（1）在做笔录时，公安人员要根据当事人的陈述进行笔录，当事人说什么，公安人员记什么，没有说的内容是不能添加、记述在笔录中的。

（2）记录的内容一定是当事人陈述的，如果不是当事人陈述的，或当事人认为不够准确，不能完全表达自己内心想法时，可以要求公安人员进行修改，直到当事人认为表达准确为止。

（3）在笔录中，一定要实事求是，知之为知之，不知为不知，不可以说"可能""应该""或许"等一类词汇，千万不可妄自猜测，避免给办案人员增加工作负担。亦不能故意隐瞒事实真相，否则，笔录将对当事人很不利，还有可能触犯法律。

刑事拘留期限 1

58 被传唤到公安局，
多长时间可以回家？

小郑住在城里的一片老街区里。一天清晨，街区的一家小店被盗，店主发现后立即报了警。根据监控记录，小郑被认为有作案嫌疑，因此被传唤接受讯问。

讯问过程中，小郑一直否认盗窃行为是自己所为，但也没有足够的证据能够证明。双方就这样一直僵持着。

时间一分一秒地过去，小郑渐渐感到紧张和疲惫，公安人员也感到没有头绪。

《中华人民共和国刑事诉讼法》第一百一十九条规定：对不需要逮捕、拘留的犯罪嫌疑人，可以传唤到犯罪嫌疑人所在市、县内的指定地点或者到他的住处进行讯问，但是应当出示人民检察院或者公安机关的证明文件。对在现场发现的犯罪嫌疑人，经出示工作证件，可以口头传唤，但应当在讯问笔录中注明。

传唤、拘传持续的时间不得超过十二小时；案情特别重大、复杂，需要采取拘留、逮捕措施的，传唤、拘传持续的时间不得超过二十四小时。

不得以连续传唤、拘传的形式变相拘禁犯罪嫌疑人。传唤、拘传犯罪嫌疑人，应当保证犯罪嫌疑人的饮食和必要的休息时间。

在被带到公安局十二个小时后，公安人员依然没有找到小郑实施盗窃的证据。根据《刑事诉讼法》的相关规定，公安机关最终释放了小郑，他得以返回家中。

法律小课堂

被拘传带到公安局，我们需要注意哪些时间节点？

记录好拘传的开始时间，根据《刑事诉讼法》的相关规定，拘传的持续时间一般不得超过十二小时，最长不得超过二十四小时。

如果拘传的时间超过二十四小时，且公安机关仍然没有证据可以证明被拘留人有违法犯罪行为的，我们有权利让公安机关释放自己。

刑事拘留期限 **2**

59 刑事拘留后，
会被关押在哪里？

春节期间，王宇带着全家去拜年，然而车行到半路，对面的一辆车径直冲来，王宇急打方向盘，导致王宇所驾驶的汽车冲到了旁边的农田里。

突如其来的事故吓了王宇一跳。惊魂未定之时，他看见肇事者匆忙从车上下来，准备逃离。

见肇事者准备逃逸，王宇和家人们赶紧追上前拦住，这才发现对方居然是酒驾。

王宇一边抓紧肇事者的手，一边拨打了110。公安人员立即赶来，对现场进行了保护和调查，同时对肇事者进行了酒精测试，确定他是酒驾。公安人员处理好现场后，将酒驾的司机带往公安局做笔录，同时对其进行关押。

该肇事者非常慌张，对公安人员说："我会被带到哪里去？"

公安人员表示，先去公安局调查清楚案件，再看情况确认是否需要承担刑事责任。

　　那么，犯罪嫌疑人被拘留后，会被关押在哪里呢?

　　《中华人民共和国刑事诉讼法》第八十五条规定：公安机关拘留人的时候，必须出示拘留证。拘留后，应当立即将被拘留人送看守所羁押，最迟不得超过二十四小时。

　　除无法通知或者涉嫌危害国家安全犯罪、恐怖活动犯罪通知可能有碍侦查的情形以外，应当在拘留后二十四小时以内，通知被拘留人的家属。

　　有碍侦查的情形消失以后，应当立即通知被拘留人的家属。

　　根据《刑事诉讼法》的相关规定，犯罪嫌疑人被拘留后，会被移送至看守所羁押。从时间上看，被拘留的犯罪嫌疑人被送往看守所，最迟不得超过二十四小时。在这之前，犯罪嫌疑人都会被羁押在公安局。

法律小课堂

从刑事拘留到关押的流程是怎样的？

（1）如果是拘传到案，最长不超过二十四小时，这二十四小时犯罪嫌疑人是被关押在公安局。

（2）如果二十四小时之后犯罪嫌疑人被逮捕了，或者是被刑事拘留了，那么犯罪嫌疑人在二十四小时内必须被送到看守所。在被送至看守所前的这二十四小时，也是被关押在公安局和送看守所的路上。

（3）四十八小时之后，犯罪嫌疑人就被关押在看守所了。

羁押的安全保障

60 被关进看守所后，有哪些安全保障？

小陈在一家公司做财务工作。他因为帮老板做了假账，涉嫌非法吸收公众存款罪，被刑事拘留，关进了看守所。

小陈的父母没跟看守所打过交道，他们非常担心儿子在看守所里面的生活。

小陈妈妈每天都睡不着，想到小陈瘦弱的样子，就忍不住哭起来，她总是在想：看守所里会不会有"牢头""狱霸"之类的人？小陈性子软、不善言辞，进去之后会不会受到殴打或者欺辱？

《中华人民共和国看守所条例》第四条规定：看守所监管人犯，必须坚持严密警戒看管与教育相结合的方针，坚持依法管理、严格管理、科学管理和文明管理，保障人犯的合法权益，严禁打骂、体罚、虐待人犯。

《看守所留所执行刑罚罪犯管理办法》第七十条规定：

罪犯有下列破坏监管秩序情形之一，情节较轻的，予以警告；情节较重的，予以记过；情节严重的，予以禁闭；构成犯罪的，依法追究刑事责任：

（一）聚众哄闹，扰乱正常监管秩序的；

（二）辱骂或者殴打公安人员的；

（三）欺压其他罪犯的；

（四）盗窃、赌博、打架斗殴、寻衅滋事的；

（五）有劳动能力拒不参加劳动或者消极怠工，经教育不改的；

（六）以自伤、自残手段逃避劳动的；

（七）在生产劳动中故意违反操作规程，或者有意损坏生产工具的；

（八）有违反看守所管理规定的其他行为的。

带着这些担心，小陈的父母找到律师进行咨询。在律师向他们讲解了我国相关的法律条例之后，他们终于明白，在我国，在押人员的人身安全、人格尊严、生命健康等是受到法律保护的，他们的基本生活也是会得到保障的。

看守所里的在押人员不会受到打骂、体罚、虐待，不会出现吃不饱等情况。看守所都特别重视预防和打击"牢头""狱霸"的出现，如果在押人员中有打架斗殴、欺压他人等行为，看守所的管教人员会及时发现并制止，相关人员也会受到惩戒。

　　小陈父母心头的疑虑消除了。

法律小课堂

　　（1）被关进看守所后，有哪些安全保障？

　　看守所实行二十四小时值班制度，管教人员会管好每一个人，不会允许谁欺负谁。在看守所打架斗殴是非常严重的违规行为，后果严重的，将追究刑事责任。

　　（2）在押人员是如何在看守所内生活和学习的？

　　看守所的作息时间是准时准点的，每个看守所都略有不同，但每天晚上七点都要看新闻联播。在看守所还可以看书学习，以帮助嫌疑人提升自我；同时也配有医务所，有常用的医疗器械和常用药品，在押人员患病、受伤时能够得到及时救治。

家属知情权

61

被公安人员传唤了，家属要了解案件情况，应该怎么办？

快过年了，外出打工的小张光鲜地回到老家，一家人喜气洋洋地过年。然而大年初六清早，几名公安人员突然来到家里，将小张以涉嫌诈骗罪带走。

小张的父母被这突如其来的情况吓得不知所措，担心公安人员可能抓错了人，跑到公安局，要求见自己的孩子。

公安人员告诉他们，小张因为涉嫌诈骗罪已经被关进了看守所，现在案件还在侦查阶段，按照法律规定，此阶段是不能向家属透露案情的。

老两口听后，在公安局的办案大厅里放声大哭。公安人员告诉他们，可以聘请律师来了解相关情况。小张的父母听了，立刻聘请了一位刑事辩护律师，委托律师去了解案情。

《中华人民共和国刑事诉讼法》第三十八条规定：辩护律师在侦查期间可以为犯罪嫌疑人提供法律帮助；代理申诉、控告；申请变更强制措施；向侦查机关了解犯罪嫌疑人涉嫌的罪名和案件有关情况，提出意见。

《中华人民共和国刑事诉讼法》第三十九条规定：辩护律师可以同在押的犯罪嫌疑人、被告人会见和通信。其他辩护人经人民法院、人民检察院许可，也可以同在押的犯罪嫌疑人、被告人会见和通信。

辩护律师持律师执业证书、律师事务所证明和委托书或者法律援助公函要求会见在押的犯罪嫌疑人、被告人的，看守所应当及时安排会见，至迟不得超过四十八小时。

危害国家安全犯罪、恐怖活动犯罪案件，在侦查期间辩护律师会见在押的犯罪嫌疑人，应当经侦查机关许可。上述案件，侦查机关应当事先通知看守所。

> 　　辩护律师会见在押的犯罪嫌疑人、被告人，可以了解案件有关情况，提供法律咨询等；自案件移送审查起诉之日起，可以向犯罪嫌疑人、被告人核实有关证据。辩护律师会见犯罪嫌疑人、被告人时不被监听。

　　律师接到委托后，约见了办案人员，了解到小张因为涉嫌网络诈骗，且数额较大，已经被刑事拘留。律师又马不停蹄地赶到看守所，申请会见小张。小张见到律师非常激动，让律师给父母报平安，又告诉律师案件的详细情况。

　　律师将一些基本情况告诉了小张父母。老两口看到儿子为了金钱误入歧途，违法犯罪，感到痛惜不已，拜托律师和小张好好沟通，让他迷途知返。

　　律师答应了请求，并告诉小张父母，案件有最新进展会通知他们。小张父母也松了一口气。

法律小课堂

　　（1）如果家人被公安人员带走，家属可以通过哪些途径了解情况？

　　①家属拿着身份证明材料，直接去找案件承办人员询问，但是他们只会告诉家属，犯罪嫌疑人被关在哪里，涉及什么罪名，其他的资料是不会告诉家属的。

　　②家属可以聘请专业的刑事辩护律师，让律师去询问办案人员，因为办案人员应当告诉律师，犯罪嫌疑人被关押在哪里，已经查明的主要犯罪事实是什么，有没有被刑事拘留，有没有被逮捕等情况。

③家属可以聘请专业的刑事辩护律师，直接到看守所申请会见，把情况记录下来转达给家属，这样还可以详细了解案情，并且根据具体的案件情况，来分析预判后面应该怎么做。

（2）当案件送达检察院以后，家属可以通过哪些途径了解案情呢？

①家属可以直接作为辩护人，并以此身份去看守所会见当事人，同时也可以向检察院申请阅卷。

②家属可以拿着身份证明，直接去找承办的检察官，他有义务告诉家属案件的一些基本情况。

③还有一种方法，就是家属还可以聘请专业的刑事辩护律师，由律师直接去会见和阅卷，然后再把基本情况告诉家属。这是最直接、最专业，也是最安全的方法，但是需要一定的律师费。

家属探视

62 家人可以为看守所里的犯罪嫌疑人存钱、送衣物吗?

小秀的丈夫小吴是做建材生意的。半年前,小吴因在建材批发上违法犯罪被逮捕。

小吴被关进看守所后,由于受影视文艺作品中看守所情节的影响,小秀非常担心小吴在看守所里的生活,害怕丈夫会吃不饱、穿不暖。

在这种情况下,小吴的妻子在网上大量搜索、查询相关信息,越查询越担心,于是向当地看守所打电话咨询,询问是否可以为丈夫存钱、送衣物。

当地看守所的工作人员告诉小秀,如果她想给小吴送物品,是可以的,但必须经过看守人员的检查。这一条规定是为了确保看守所的安全和秩序。工作人员还告诉小秀,小吴的食宿情况完全不必担心。看守所会按照国家规定,确保被收押人员的基本生活需求得到保障。

《中华人民共和国看守所法》第二十七条规定：看守所收押犯罪嫌疑人、被告人时，应当对其人身和随身物品进行检查。

发现身体有伤的，应当由驻看守所医生问明原因，做好相关记录，并由医生、送押人员和犯罪嫌疑人、被告人三方签字。对可能涉案的物品，移交送押人员；对不允许带入监室的非涉案物品，由看守所代为保管。

对女性犯罪嫌疑人、被告人的人身检查，由女性工作人员进行。

《中华人民共和国看守所法》第八十六条规定：犯罪嫌疑人、被告人亲友或者所属国驻华使、领馆官员送给犯罪嫌疑人、被告人的财物应当经看守所检查。

得知这些信息后，小秀的情绪得到了一定的缓解。她感到国家法律对于被收押人员的人权保障是有所规定的，自己的丈夫在看守所里的生活不会像之前所想象的那样艰难。

几天后，小秀按照规定将一些日常用品整理好，并经过看守所工作人员的检查后，成功送到小吴手中。小吴在看守所的日子虽然不易，但在法律的保护下，他的基本生活需求得到了保障，而小秀对法律的信任感也因此增强了。

法律小课堂

被羁押人员进入看守所后，看守所会给在押人员发放衣服，俗称号服。大部分地区的看守所是可以送衣物的，但有些地方是不可以送衣物的，比如深圳的看守所就不可以给嫌疑人送衣物。所以，在家属送衣物之前，一定要和该地的看守所联系。

家人可以给在看守所的被羁押人存钱，这些钱会存到被羁押人在看守所的个人账户中。被羁押人可以在每月的月初或中旬，用这些钱购买一些生活必备用品。

需要说明的是，家人为羁押人员在看守所存钱，并不是想存多少就存多少。比如有些看守所规定，最高存款额度为2000元。当然，就全国而言，这个额度并不统一，每个地方的看守所略有不同，比如深圳看守所规定，每月最高存款为500元。存钱的方式也不一样，有些是在微信小程序上，有些是用支付宝，有些是直接扫二维码，具体存钱方式建议询问律师或当地看守所。

63 犯罪嫌疑人可以
提前请律师吗?

秦先生一直从事 B2B 融资行业,但近期他的业务遭受了严重冲击,导致公司出现一大笔资金缺口。为此,不满意的投资者决定报案,称秦先生欺骗他们的投资。

公安部门在接到投资者的报案后,立即对秦先生进行了传唤询问。经过调查,公安部门暂时没有发现证明秦先生构成非法吸收公众存款罪的确凿证据。

离开公安局后,秦先生十分焦虑。"我真的犯法了吗?"他低声自问。想到可能会因此面临的法律风险,秦先生决定立刻咨询律师。

他来到某律师事务所,找到一位专业律师,简要地描述了自己的情况。律师听后沉默了片刻,然后说:"根据您描述的情况,确实可能构成犯罪。"

听到这儿，秦先生的心沉了下去，但他决定争取主动，于是询问道："那我现在应该怎么做？"

　　《中华人民共和国律师法》第三十条规定：律师担任诉讼法律事务代理人或者非诉讼法律事务代理人的，应当在受委托的权限内，维护委托人的合法权益。

　　《中华人民共和国律师法》第三十三条规定：律师担任辩护人的，有权持律师执业证书、律师事务所证明和委托书或者法律援助公函，依照刑事诉讼法的规定会见在押或者被监视居住的犯罪嫌疑人、被告人。辩护律师会见犯罪嫌疑人、被告人时不被监听。

　　《中华人民共和国律师法》第三十四条规定：律师担任辩护人的，自人民检察院对案件审查起诉之日起，有权查阅、摘抄、复制本案的案卷材料。

《中华人民共和国刑事诉讼法》第三十四条规定：犯罪嫌疑人自被侦查机关第一次讯问或者采取强制措施之日起，有权委托辩护人；在侦查期间，只能委托律师作为辩护人。被告人有权随时委托辩护人。

侦查机关在第一次讯问犯罪嫌疑人或者对犯罪嫌疑人采取强制措施的时候，应当告知犯罪嫌疑人有权委托辩护人。人民检察院自收到移送审查起诉的案件材料之日起三日以内，应当告知犯罪嫌疑人有权委托辩护人。人民法院自受理案件之日起三日以内，应当告知被告人有权委托辩护人。犯罪嫌疑人、被告人在押期间要求委托辩护人的，人民法院、人民检察院和公安机关应当及时转达其要求。

犯罪嫌疑人、被告人在押的，也可以由其监护人、近亲属代为委托辩护人。

辩护人接受犯罪嫌疑人、被告人委托后，应当及时告知办理案件的机关。

"首先，你应该提前聘请一位刑辩律师。在未受到正式起诉之前，你有权得到法律咨询和帮助。"律师认真地告诉他。

秦先生对律师表示感谢，并立即采纳建议，将这位律师聘请为自己的刑辩律师。律师在听完秦先生介绍的事情经过后，帮他分析了案情并给出了专业意见，让秦先生内心稍感安慰。

他与律师签订了授权委托书，确保在之后的法律程序中，他的权益得到充分的保障。现在，秦先生明白了，面对法律风险，及时请律师是最明智的决策。

法律小课堂

　　如果还没有被抓，犯罪嫌疑人可以提前请刑辩律师吗？

　　一般情况下，在被公安机关讯问后或者是内心已经认识到自己的罪责，为了减轻焦虑和忐忑，就可以向刑辩律师进行咨询。

　　律师会帮忙分析你在案件中的行为是否构成犯罪，并对接下来该如何配合公安机关的调查以及最有利于自己的做法给出专业意见。

　　当事人可以提前和刑辩律师签好授权委托书，将律师的联系方式告知家人，这样一来，一旦被采取强制措施，律师就可以第一时间去会见当事人了。

64 犯罪嫌疑人被抓后，
应该如何聘请律师？

小张因为琐事和同事发生口角，激动之下将同事打伤。同事报警后，小张被刑事拘留。

小张被拘留在看守所后，他希望有人帮助自己争取从轻处罚。于是，他问公安人员："能不能帮我联系一位我认识的刑辩律师？"

公安人员答应了小张。小张就把罗律师的联系方式、律所信息交给办案人员。

罗律师接到公安的电话后，找到了小张的家属，他和家属办理委托手续之后，第一时间来到看守所会见小张，并了解具体情况。

随后，罗律师和小张讨论了具体解决办法。

《中华人民共和国刑事诉讼法》第三十四条规定：犯罪嫌疑人自被侦查机关第一次讯问或者采取强制措施之日起，有权委托辩护人；在侦查期间，只能委托律师作为辩护人。被告人有权随时委托辩护人。

侦查机关在第一次讯问犯罪嫌疑人或者对犯罪嫌疑人采取强制措施的时候，应当告知犯罪嫌疑人有权委托辩护人。人民检察院自收到移送审查起诉的案件材料之日起三日以内，应当告知犯罪嫌疑人有权委托辩护人。人民法院自受理案件之日起三日以内，应当告知被告人有权委托辩护人。犯罪嫌疑人、被告人在押期间要求委托辩护人的，人民法院、人民检察院和公安机关应当及时转达其要求。

犯罪嫌疑人、被告人在押的，也可以由其监护人、近亲属代为委托辩护人。

辩护人接受犯罪嫌疑人、被告人委托后，应当及时告知办理案件的机关。

当你身陷囹圄时，不要着急，你可以要求公安机关为你指派法律援助律师，或者联系你自己信任的律师，为你提供法律帮助。

 法律小课堂

被抓进公安局后，犯罪嫌疑人应该如何聘请刑辩律师？

只要是涉嫌犯罪导致被抓，无论是进了公安局还是看守所，都可以聘请律师。

如果有自己信任的律师，可以向办案人员或看守所工作人员提供律师事务所的名称、律师名字及联系方式，让其帮忙联系。也可以写信给家人或者朋友，委托他们帮忙联系律师。

如果没有信任的律师，也可以请办案人员或看守所工作人员帮忙指派法律援助律师。或者在被抓之前，提前与律师签好授权委托书放在他那里。一旦进了看守所，律师就可以第一时间进行会见。

法律援助 1

65

被逮捕了，
　没钱请律师怎么办？

　　小安是一位农民工，常年在外打工。有一天，警方在他们的宿舍搜查到了赃物，小安与舍友因涉嫌盗窃罪被当地公安机关抓获。

　　在警方做笔录时，询问小安是否需要请刑辩律师。小安虽感到害怕，但知道家里的经济状况，只能无奈地回答："我家里没钱请律师。"

　　警方了解到小安的情况后，便告诉他："如果没钱请律师，我们可以为你指派一位法律援助律师。"小安听了，点头表示需要。

　　《中华人民共和国刑事诉讼法》第三十五条规定：犯罪嫌疑人、被告人因经济困难或者其他原因没有委托辩护人的，本人及其近亲属可以向法律援助机构提出申请。对符合法律援助条件的，法律援助机构应当指派律师为其提供辩护。

> 犯罪嫌疑人、被告人是盲、聋、哑人，或者是尚未完全丧失辨认或者控制自己行为能力的精神病人，没有委托辩护人的，人民法院、人民检察院和公安机关应当通知法律援助机构指派律师为其提供辩护。
>
> 犯罪嫌疑人、被告人可能被判处无期徒刑、死刑，没有委托辩护人的，人民法院、人民检察院和公安机关应当通知法律援助机构指派律师为其提供辩护。

不久，小安的父母接到一位法律援助律师的电话，他们纳闷地问："为什么会有一位律师打电话给我们？"

律师耐心地解释道："我国法律规定，对于经济困难的犯罪嫌疑人或被告人，法律援助机构应当指派律师为其提供辩护。小安的

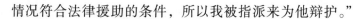

情况符合法律援助的条件，所以我被指派来为他辩护。"

　　随后，律师向小安的父母解释，小安被卷入一起案件中，这起案件正在侦查阶段，请家属放心，他会尽力帮小安，维护小安的合法权利。

　　小安的父母听了，一面担心小安的情况，一面又感谢法律援助律师的帮助。

　　此后，法律援助律师不仅全面了解了案件情况，还深入调查了案发经过并积极取证。在庭审过程中，经过法律援助律师的辩护，小安的正当权益得到了维护。

法律小课堂

　　刑事案件的当事人，没钱请律师怎么办？

　　不用着急，你可以直接要求办案人员为你指派法律援助律师。

　　2019 年 1 月起，全国（除港澳台地区外的 31 个省、自治区、直辖市和新疆生产建设兵团）所有的刑事案件当事人都应当有辩护律师，即使自己没钱请律师，也可以向法律援助机构申请法律援助。

66　做笔录时，
　　　需要注意哪些关键细节？

　　小程是某家公司的部门经理。因公司卷入一场销售骗局，小程作为主要责任人之一，被公安机关传唤。

　　在审讯室内，两位案件侦查人员坐在小程的对面。他们告知小程，如实供述自己的罪行可以获得从宽处理的机会。

　　小程点点头。

在讯问开始之前，他先确认了两位侦查人员的名字和警号，确认他们均不是辅警。同时，小程也记住了笔录的开始时间。

《中华人民共和国刑事诉讼法》第一百一十八条规定：讯问犯罪嫌疑人必须由人民检察院或者公安机关的侦查人员负责进行。讯问的时候，侦查人员不得少于二人。

犯罪嫌疑人被送交看守所羁押以后，侦查人员对其进行讯问，应当在看守所内进行。

《中华人民共和国刑事诉讼法》第一百二十条规定：侦查人员在讯问犯罪嫌疑人的时候，应当首先讯问犯罪嫌疑人是否有犯罪行为，让他陈述有罪的情节或者无罪的辩解，然后向他提出问题。犯罪嫌疑人对侦查人员的提问，应当如实回答。但是对与本案无关的问题，有拒绝回答的权利。

侦查人员在讯问犯罪嫌疑人的时候，应当告知犯罪嫌疑人享有的诉讼权利，如实供述自己罪行可以从宽处理和认罪认罚的法律规定。

《中华人民共和国刑事诉讼法》第一百二十三条规定：侦查人员在讯问犯罪嫌疑人的时候，可以对讯问过程进行录音或者录像；对于可能判处无期徒刑、死刑的案件或者其他重大犯罪案件，应当对讯问过程进行录音或者录像。

录音或者录像应当全程进行，保持完整性。

讯问开始时，侦查人员首先讯问小程是否有犯罪行为，并让他陈述有罪的情节或者无罪的辩解。小程根据自己的实际情况回答了问题，并对与本案无关的提问，行使了拒绝回答的权利。

在做笔录的过程中，小程看到笔录上有一段话写的是小程可能知道老板具有犯罪的动机，并帮助老板去实施犯罪活动。

但事实上，小程当时并不清楚老板的动机和计划，在做笔录时也明确地表达了自己对此事完全不知情。于是，小程将此处向侦查人员指出来，让他们按照自己说的意思进行修改。

在签字确认笔录内容之前，小程详细查看了笔录内容，确保它准确反映了他要表达的内容。

讯问结束后，他走出了审讯室，耐心地等待着案件处理的结果。

法律小课堂

做笔录时，需要注意哪些关键细节？

（1）需记住两位警官的名字和警号，确保他们不是辅警，并且要记录在笔录当中。

（2）当事人需记住第一次到案的时间、每次做笔录的开始时间和结束时间，这样可以确认有没有被疲劳审讯。

（3）如果当事人主动到案，一定要记录在笔录当中，这样可以确保当事人构成自首情节。做笔录之前，当事人应该要求并且确保有同步录音录像，这样可以确保笔录的真实性。

（4）如果当事人被公安人员威胁及刑讯逼供等，应记住他的名字和警号，将事实告知驻守检察官和律师，这样可以申请对方回避和非法证据排除。

（5）在笔录上签字之前，需确保内容是自己要表达的内容，如果内容不真实，当事人可以要求修改。

移送程序

67 案件在公安机关审查多久后，会被移送到检察院？

小王涉嫌贩卖毒品罪，被当地公安机关抓获，现在被羁押到看守所。由于案情复杂，尽管时间已经过去了两个多月，但案件仍未移送到检察院。

小王非常着急。于是小王问自己的辩护律师："为什么案件还没有送到检察院？"

律师告诉小王："由于此案涉及的线索复杂，需要深入调查，因此他们已经申请了延长羁押的时间。根据法律规定，最长将羁押七个月又37天。"

律师说的话意味着小王可能还要继续在看守所待上一段时间。

《中华人民共和国刑事诉讼法》第一百五十六条规定：对犯罪嫌疑人逮捕后的侦查羁押期限不得超过二个月。案情复杂、期限届满不能终结的案件，可以经上一级人民检察院批准延长一个月。

《中华人民共和国刑事诉讼法》第一百五十八条规定：下列案件在本法第一百五十六条规定的期限届满不能侦查终结的，经省、自治区、直辖市人民检察院批准或者决定，可以延长二个月：

（一）交通十分不便的边远地区的重大复杂案件；

（二）重大的犯罪集团案件；

（三）流窜作案的重大复杂案件；

（四）犯罪涉及面广，取证困难的重大复杂案件。

《中华人民共和国刑事诉讼法》第二百四十三条规定：第二审人民法院受理上诉、抗诉案件，应当在二个月以内审结。对于可能判处死刑的案件或者附带民事诉讼的案件，以及有本法第一百五十八条规定情形之一的，经省、自治区、直辖市高级人民法院批准或者决定，可以延长二个月；因特殊情况还需要延长的，报请最高人民法院批准。

最高人民法院受理上诉、抗诉案件的审理期限，由最高人民法院决定。

小王虽仍然感到焦虑，但也明白了法律程序的重要性，同时也对律师专业、及时的回复表示感谢。他决定静静等待，并做好悔改的准备。

法律小课堂

案件在公安机关多久后，会被移送到检察院？

案件从公安机关移送到检察院，除特殊案件外，最长总时间是逮捕前37天加上逮捕后七个月，也就是七个月又37天。具体情况如下：

（1）逮捕前最长可以关押37天。

（2）逮捕后通常两个月内移送，案情复杂可以延长到三个月移送。

（3）对于交通不便地区、重大犯罪集团案件、流窜作案案件和涉及面广的重大复杂案件，可以在三个月基础上再延长两个月，也就是最长五个月移送。

（4）如果这些复杂案件可能判十年以上，可以在五个月基础上再延长两个月，也就是最长七个月移送。

因此，加上逮捕前37天关押，最长总共是七个月又37天会移送到检察院。此外，特殊案件不受上述时间限制。

68 案件送到检察院后，多久才能送到法院？

李女士的儿子小孙因涉及一起涉黑案件而被公安机关拘留。当她得知这个消息后，内心充满焦虑和不安。她找到一位辩护律师，为小孙提供法律帮助。

当李女士得知案件已经被移送至检察院，她希望一切能尽快过去，让儿子早日接受审判，也好安心。但日子过去了一个半月，她收到律师的通知，案件因证据不足被退回公安机关，需要进一步侦查。

李女士内心十分焦急，担心起诉会迟迟未到，她向辩护律师提出了疑问，是不是需要给办案人员送礼，才能够加快案件进程。

辩护律师听后，坚决地告诉她，这是不法之举，不能采取这种方式。他解释说，这起涉黑案件复杂，需要经过"两退三送"的程序。

《中华人民共和国刑事诉讼法》第一百七十二条规定：人民检察院对于监察机关、公安机关移送起诉的案件，应当在一个月以内作出决定，重大、复杂的案件，可以延长十五日。

《中华人民共和国刑事诉讼法》第一百七十五条规定：人民检察院审查案件，对于需要补充侦查的，可以退回公安机关补充侦查，也可以自行侦查。

对于补充侦查的案件，应当在一个月以内补充侦查完毕。补充侦查以二次为限。补充侦查完毕移送人民检察院后，人民检察院重新计算审查起诉期限。

辩护律师又解释道，所谓"两退三送"，就是案件被检察院退回公安机关，进行补充侦查，而这个程序至多会有两次，因此案件最终被送到检察院时，就经历了"两退三送"，即最长可能要六个半月后，案件才会被移送法院起诉。

李女士听了连连点头："原来是这样啊，谢谢律师！"

又经过了几个月，公安再次将案件送到检察院。经过辩护律师的专业分析和辩护，小孙的正当权益得到了保障。最终，涉黑案件经过"两退三送"的程序，历时六个半月后，被移送法院起诉。

法律小课堂

案件送到检察院后，多久才能送到法院？

检察院收到公安移送的案件后，一般一个月就要移送法院起诉，最长一个半月移送。

同时，它可以退两次到公安机关补充侦查。公安机关每次补充侦查的时间最长是一个月，退两次就是两个月了。

两次补充侦查完送回到检察院，又按一个半月的时间重新计算两次。

往返下来，一个半月的时间要计算三次，总共时长是四个半月，再加上两次公安机关补充侦查的两个月时间，总共时长就是六个半月了。

被告人权利

69 案件送到检察院后，犯罪嫌疑人享有哪些权利？

　　小曹因涉嫌诈骗罪被某市检察院批准逮捕。案件侦查完毕后，公安机关将他移送至检察院审查起诉。

　　在看守所中，小曹心急如焚，觉得自己特别冤。他和管教提出面见检察官的请求。

　　"我真的被冤枉了！"小曹对管教说，"我怎么可能会做那种事？我需要见检察官。"

　　管教点头说："好的，我会为你安排。"

　　小曹见到检察官后，向检察官提供了一些新的证据线索，用以证明自

己的清白。检察官对这些线索展开了调查，并要求公安机关协助调取相关证据。

"这些证据非常重要，我们会进一步调查。"检察官说，"而且，你有权请律师来帮助你，我们也可以帮你联系。"

"谢谢！"小曹的眼中闪过一丝希望，继续道，"我知道一位很好的律师，我希望他能成为我的辩护人。"

> 《中华人民共和国刑事诉讼法》第十四条规定：人民法院、人民检察院和公安机关应当保障犯罪嫌疑人、被告人和其他诉讼参与人依法享有的辩护权和其他诉讼权利。
>
> 诉讼参与人对于审判人员、检察人员和侦查人员侵犯公民诉讼权利和人身侮辱的行为，有权提出控告。

检察官为小曹联系到了这位他信任的刑辩律师，作为小曹的辩护人。不久，小曹的辩护律师来到了看守所，两人开始为即将到来的庭审做准备。

法律小课堂

案件送到检察院后，犯罪嫌疑人享有哪些权利？

（1）犯罪嫌疑人可以要求见检察官，并且让他为自己指派法律援助律师，或者联系自己信任的律师。

（2）如果犯罪嫌疑人被刑讯逼供了，可以向检察官提供办案人员的姓名、警号、做笔录的时间等线索进行举报，并要求排除之前所做的笔录中对你不利的内容。

（3）如果有新的证据，犯罪嫌疑人可以向检察官提供线索并要求他们为自己调取这些信息。

（4）犯罪嫌疑人如果被他人欺负了，可以向检察官举报。

家属会见权

70

案件在检察院审查阶段，家属可以去看守所会见犯罪嫌疑人吗？

范某被人举报涉嫌洗钱罪后，案件被移送至检察院审查起诉。本案进入审查起诉阶段。

范某的爸爸老范得知此消息后，想要去看望儿子，但不知道应该怎么做。

于是，他咨询了刑辩专家罗律师，问道："我现在能见到我儿子吗？"

罗律师解释道："正常情况下，案件在检察院审查阶段，家属通常是不可以到看守所与犯罪嫌疑人会面的。根据《刑事诉讼法》的相关规定，在这个阶段，只有律师才可以见犯罪嫌疑人。"

"那我有什么方法，可以与他会面呢？"老范焦急地问道。

罗律师接着说："如果你做辩护人，就可以见到他，但是要向检察院进行申请。"

于是，老范决定采用做儿子的辩护人的方式，和儿子见面。

《中华人民共和国刑事诉讼法》第三十三条规定：犯罪嫌疑人、被告人除自己行使辩护权以外，还可以委托一至二人作为辩护人。下列的人可以被委托为辩护人：

（一）律师；

（二）人民团体或者犯罪嫌疑人、被告人所在单位推荐的人；

（三）犯罪嫌疑人、被告人的监护人、亲友。

正在被执行刑罚或者依法被剥夺、限制人身自由的人，不得担任辩护人。

被开除公职和被吊销律师、公证员执业证书的人，不得担任辩护人，但系犯罪嫌疑人、被告人的监护人、近亲属的除外。

《中华人民共和国刑事诉讼法》第三十八条规定：辩护律师在侦查期间可以为犯罪嫌疑人提供法律帮助；代理申诉、控告；申请变更强制措施；向侦查机关了解犯罪嫌疑人涉嫌的罪名和案件有关情况，提出意见。

《中华人民共和国刑事诉讼法》第三十九条规定：辩护律师可以同在押的犯罪嫌疑人、被告人会见和通信。其他辩护人经人民法院、人民检察院许可，也可以同在押的犯罪嫌疑人、被告人会见和通信。

在罗律师的帮助下，老范向检察院提出申请，请求做范某的辩护人。经过检察院的审核，检察院同意了老范的请求。老范在办理完相关手续后，终于见到了儿子。

法律小课堂

　　案件在检察院审查阶段,家属可以去看守所会见犯罪嫌疑人吗?

　　法律规定,案件在检察院审查阶段,犯罪嫌疑人的辩护人可以是律师,也可以是他(她)的父母、配偶、子女、同胞兄弟姐妹。

　　辩护人是有权利会见自己的当事人的。如果犯罪嫌疑人的家属作为当事人的辩护人,那就可以直接到看守所会见当事人了。

　　但是,家属要先向检察院申请,批准之后才可以。

71 案件送到法院了，
要多久才会宣判？

在一次针对具有黑社会性质的组织的重大行动中，警方抓捕了犯罪团伙的王某等核心人物。经过公安的侦查，案件被检方提起公诉。

案件送至法院审理一个多月后，部分受害者的家属不免开始担心起来，他们不知道案子会持续多久，甚至担心有人会把王某"捞出来"。

于是，他们找到了一位有经验的律师，作为他们的代理律师。受害者的家属询问代理律师："为什么案件都快六个月了还没有开庭审理？"

代理律师向受害者的家属解释了情况："这个案件涉及庞大的黑社会性质的组织和一系列复杂的犯罪活动，并且还是命案，情况非常复杂。根据《刑事诉讼法》的相关规定，法院可能需要长达六个月的时间来审理。你们要有心理准备，这将是一个漫长的过程。"

《中华人民共和国刑事诉讼法》第一百五十八条规定：下列案件在本法第一百五十六条规定的期限届满不能侦查终结的，经省、自治区、直辖市人民检察院批准或者决定，可以延长二个月：

（一）交通十分不便的边远地区的重大复杂案件；

（二）重大的犯罪集团案件；

（三）流窜作案的重大复杂案件；

（四）犯罪涉及面广，取证困难的重大复杂案件。

《中华人民共和国刑事诉讼法》第二百零八条规定：人民法院审理公诉案件，应当在受理后二个月以内宣判，至迟不得超过三个月。对于可能判处死刑的案件或者附带民事诉讼的案件，以及有本法第一百五十八条规定情形之一的，经上一级人民法院批准，可以延长三个月；因特殊情况还需要延长的，报请最高人民法院批准。

> 人民法院改变管辖的案件，从改变后的人民法院收到案件之日起计算审理期限。
>
> 人民检察院补充侦查的案件，补充侦查完毕移送人民法院后，人民法院重新计算审理期限。

受害者的家属听了，心里的担忧缓解了不少。同时，受害者的家属们向法院申请了刑事附带民事诉讼。

六个月之后，法院终于对此案进行了审判。审判当日，王某等犯罪嫌疑人受到了应有的惩罚，受害者的家属听到判决后，流下了释然的眼泪。

法律小课堂

案件送到法院了，要多久才会宣判？

对于提起公诉的案件，一般法院受理后两个月以内判决，至迟不得超过三个月。

而对于可能判处死刑的案件或者附带民事诉讼的案件，以及交通不便的案件，重大犯罪集团案件，涉及面广、取证困难的案件，流窜作案的案件，经批准还可以延长三个月。

总计下来，案件送到法院后，应当在六个月内被判决。

如果还要延长的话，就需要由最高人民法院批准了。

二审审判

72

二审的案件，
多长时间会判决？

一次，张涛在偏远山区行车时，将一名行人撞倒致死后逃逸。一审法院以张涛构成交通肇事罪，判处张涛十年有期徒刑。但是，张涛认为刑罚过重，决定上诉。

目前，案件已经进入二审阶段。

但是，过了两个多月，案子还没有宣判的消息。张涛的家人非常焦急。他们找到张涛的刑辩律师，询问案件的情况。

刑辩律师说："目前，省高级人民法院还在对张涛的案件进行调查。由于事故发生在因下雪常年封道的山区，且涉及被害人致死，调查和取证困难。此外，被害人家属还提出了刑事附带民事诉讼。这些问题也需要时间来解决。因此，本案的审理期限延长至四个月。"

《中华人民共和国刑事诉讼法》第二百四十三条规定：第二审人民法院受理上诉、抗诉案件，应当在二个月以内审结。对于可能判处死刑的案件或者附带民事诉讼的案件，以及有本法第一百五十八条规定情形之一的，经省、自治区、直辖市高级人民法院批准或者决定，可以延长二个月；因特殊情况还需要延长的，报请最高人民法院批准。

最高人民法院受理上诉、抗诉案件的审理期限，由最高人民法院决定。

张涛的家人听了辩护律师的解答，心中的焦虑减少了一些。

此后的两个月中，法庭也组织了多次庭审，听取了各方的意见，审查了大量的证据材料，并充分保障了张涛的合法权益。最终，在二审阶段的四个月内，本案终于开庭宣判了。

法律小课堂

二审的案件，多长时间会判决？

二审的案件，一般受理后两个月以内判决。对于可能判处死刑的案件或者附带民事诉讼的案件，以及交通不便的案件，重大犯罪集团案件，涉及面广、取证困难的案件，流窜作案的案件，经批准或者决定，可以延长两个月，也就是最长四个月会判决。

如果特殊情况需要延长的话，就只能报最高人民法院批准了。

还有一种情况，就是二审由最高人民法院审理，那多长时间判决就是最高人民法院自己决定的事情了。

救济途径

73 判决生效了，
怎样才可以申请重判？

某晚，在一个路边摊前，两帮人之间发生了群殴，造成一人死亡。公安机关介入后，认为小赵是犯罪嫌疑人之一。于是小赵被公安机关抓捕，并被检察院以聚众斗殴罪移送法院起诉并定罪。

小赵一审被判十年有期徒刑。但他觉得自己很冤，因为事发时自己并没有在现场。于是他选择上诉，但二审维持原判。

小赵被关入监狱后，依然坚持自己的清白。他告诉家人自己当时并未在现场，并委托家人聘请辩护律师。

于是，小赵的家人聘请了一位经验丰富的刑辩律师。律师通过访问小赵、研读案卷资料，并与在场的其他证人进行沟通，发现了证明小赵未参与斗殴的视频监控证据和关键的证人，可以作为小赵未参与该起案件的不在场证明。

原来，小赵当时正在附近的一家烧烤店喝酒，并没有参与当天的斗殴事件。

《中华人民共和国刑事诉讼法》第二百五十二条规定：当事人及其法定代理人、近亲属，对已经发生法律效力的判决、裁定，可以向人民法院或者人民检察院提出申诉，但是不能停止判决、裁定的执行。

《中华人民共和国刑事诉讼法》第二百五十三条规定：当事人及其法定代理人、近亲属的申诉符合下列情形之一的，人民法院应当重新审判：

（一）有新的证据证明原判决、裁定认定的事实确有错误，可能影响定罪量刑的；

（二）据以定罪量刑的证据不确实、不充分，依法应当予以排除，或者证明案件事实的主要证据之间存在矛盾的；

（三）原判决、裁定适用法律确有错误的；

（四）违反法律规定的诉讼程序，可能影响公正审判的；

（五）审判人员在审理该案件的时候，有贪污受贿、徇私舞弊、枉法裁判行为的。

随后，刑辩律师将新发现的证据提交给终审法院，申请重新审判。

小赵的心里终于燃起了希望，他和辩护律师也在好好准备庭审的事情。

法律小课堂

判决生效了，怎样才可以申请重判？

如果被告对二审的审判结果不满意，那就只能申诉了。被告及家属都可以向终审法院（就是生效判决的那家法院）申诉。

此外，有这么几种情况，法院必须重新审判：

（1）有新证据证明之前的事实确实错了，可能影响定罪和量刑；

（2）当时定罪和量刑的证据不够，或者应当排除，或者案件的事实之间存在矛盾的；

（3）这份裁判适用的法律错了；

（4）诉讼程序违法，可能影响公正审判的；

（5）审判人员在审理该案件的时候，有贪污受贿、徇私舞弊、枉法裁判等行为。

74 案件开庭，
家属可以去旁听吗?

李妈妈的女儿遭受了一位陌生男子的性侵，涉案男子被逮捕并提起公诉。这天，正好是庭审之日。

在开庭前，李妈妈焦急地走在法院的走廊上，她今天的目的很简单，就是要亲眼看到那个伤害她女儿的人受到法律的制裁。

正当李妈妈要走进法庭时，门外的法警拦住了她。她满脸不解，问道："你这是干什么？我不能进去旁听吗？"

《中华人民共和国刑事诉讼法》第一百八十八条规定：人民法院审判第一审案件应当公开进行。但是有关国家秘密或者个人隐私的案件，不公开审理；涉及商业秘密的案件，当事人申请不公开审理的，可以不公开审理。

不公开审理的案件，应当当庭宣布不公开审理的理由。

《最高人民法院关于严格执行公开审判制度的若干规定》第十条规定：依法公开审理案件，公民可以旁听，但精神病人、醉酒的人和未经人民法院批准的未成年人除外。

根据法庭场所和参加旁听人数等情况，旁听人需要持旁听证进入法庭的，旁听证由人民法院制发。

外国人和无国籍人持有效证件要求旁听的，参照中国公民旁听的规定办理。

旁听人员必须遵守《中华人民共和国人民法院法庭规则》的规定，并应当接受安全检查。

《最高人民法院关于执行〈中华人民共和国刑事诉讼法〉若干问题的解释》第一百二十二条规定：依法不公开审理的案件，任何公民包括与审理该案无关的法院工作人员和被告人的近亲属都不得旁听。

法警看着李妈妈激动的眼神，心里五味杂陈，轻声解释道："李阿姨，我明白您的感受，但是由于这起案件涉及个人隐私，法院规定不得公开审理，所以您不能旁听。"

李妈妈的眼眶泛红，说道："我女儿受了那么大的委屈，我连旁听的权利都没有吗？"

法警低声地说："我理解您的痛苦，但这是法律的规定，是为了保护被害人的隐私和尊严。请您相信，法院会依法审判，给您女儿一个公正的结果。"

正在此时，负责审理此案的法官走了过来，温和地对李妈妈说："李女士，我确实很理解您的心情。但是，不公开审理是为了保护涉案人员的隐私权益。请您相信，我们会严格按照法律程序进行审判，一定会还给您和您女儿一个公道。"

李妈妈听了法官的话，眼泪终于忍不住流了下来，她点了点头，表示理解："好的。我知道法律是公正的，我会等待正义的结果。"

法律小课堂

（1）案件开庭，家属可以去旁听吗？

只要是公开审理的案件，家属以及亲朋好友及其他人都可以来旁听，旁听的人要带好身份证。有些法院基于场地的空间限制，可能会要求旁听的人员提前预约，可以提前打电话向法院进行咨询。

（2）哪类人没有旁听权利？

①精神病人、醉酒的人、扰乱审理秩序者不能旁听。

②未成年人要经过法院的批准才能旁听。

（3）哪类案件不能旁听？

不公开审理的案件，包括涉及个人隐私、涉及商业秘密和国家秘密等的案件均不可以旁听。